H[illegible]

Das 10-Minuten-Bewerbungstest-Training

Allgemeinwissen

Die häufigsten Testfragen aus der Wirtschaft

9./10. Klasse

Auer Verlag

Die Herausgeber:

Marco Bettner: Rektor als Ausbildungsleiter, Haupt- und Realschullehrer, Referent in der Lehrerfort- und Lehrerweiterbildung, zahlreiche Veröffentlichungen als Autor und Herausgeber

Dr. Erik Dinges: Rektor einer Förderschule für Lernhife, Referent in der Lehrerfort- und Lehrerweiterbildung, zahlreiche Veröffentlichungen als Autor und Herausgeber

Der Autor:

Dr. phil. habil. Heinz-Lothar Worm: Grund-, Haupt-, Real- und Förderschullehrer, Dozent, zahlreiche Veröffentlichungen

Gedruckt auf umweltbewusst gefertigtem, chlorfrei gebleichtem
und alterungsbeständigem Papier.

2. Auflage 2013
Nach den seit 2006 amtlich gültigen Regelungen der Rechtschreibung

Umschlaggrafik: Fotolia
Satz: Fotosatz H. Buck, Kumhausen
Druck und Bindung: Franz X. Stückle, Druck und Verlag, Ettenheim
ISBN 978-3-403-**06445**-9

www.auer-verlag.de

Inhaltsverzeichnis

Vorbemerkungen

Bewerbungs- und Einstellungstest sind heute gang und gäbe in Betrieben des Handels, Handwerks und der Industrie. Die Schule hat bisher ihre Abgänger nur ungezielt auf die Anforderung der Bewältigung eines solchen oft recht umfangreichen Testverfahrens vorbereiten können. Denn es gibt kein Unterrichtsfach, das etwa „Kulturwissen" heißt. Das, was landläufig unter Allgemeinwissen verstanden wird, ist im Bereich der Schule in viele verschiedene Fächer aufgespaltet, wo Einzelnes vertieft behandelt wird, selten aber deklaratives Wissen in der gesamten Breite thematisiert werden kann. Genau aber das ist es, was der Bewerbungs- bzw. Einstellungstest in Erfahrung bringen will: ein Bild des allgemeinen Wissensstandes der Prüflinge.

Das 10-Minuten-Bewerbungstest-Training Allgemeinwissen ist eine Zusammenstellung von Fragen, die in vielen Einstellungstests in dieser oder ähnlicher Form gestellt werden. Die sich auf einen Einstellungstest vorbereitenden Schulabgängerinnen und -abgänger haben hier die Möglichkeit, sowohl die äußere Form solcher Tests kennen zu lernen und dabei die Scheu vor ihnen zu verlieren, als auch sich selbst zu prüfen, ob sie in allen Gebieten einigermaßen beschlagen sind oder ob sie sich hier und da noch besser vorbereiten müssen. Zu diesem Zweck gibt es im Anhang eine kurze Erläuterung bzw. Vertiefung zu fast jedem gefragten Begriff.

10 Minuten Training an jedem Schultag im Bereich des Allgemeinwissens hilft Schülerinnen und Schülern, sich auf den Bewerbungs- und Einstellungstest adäquat vorzubereiten.

Marco Bettner
Erik Dinges
Heinz-Lothar Worm

1. Wann ging die Titanic unter?	☐ 1915 (D) ☐ 1899 (G) ☐ 1912 (F)
2. Wie groß ist die Schallgeschwindigkeit?	☐ 343 m/s (R) ☐ 365 m/s (O) ☐ 3 km/s (E)
3. Was ist eine Auktion?	☐ Verkaufsschau von Kraftfahrzeugen aller Art (L) ☐ ein Karambolagerennen (S) ☐ Versteigerung (A)
4. Wer schrieb das Gedicht „Die Glocke"?	☐ Goethe (P) ☐ Heine (D) ☐ Schiller (N)
5. Wer war Johann Strauss?	☐ ein Komponist berühmter Schlagermelodien (E) ☐ ein Filmregisseur aus der Stummfilmzeit (S) ☐ ein Komponist von Tanzmusik (K)
6. Wer malte die Mona Lisa?	☐ Tizian (C) ☐ Leonardo da Vinci (R) ☐ Rembrandt (N)
7. Woran erkennt man gotische Bauwerke?	☐ an den Spitzbögen (E) ☐ an den abgerundeten Fenstern (A) ☐ an den hohen Portalen (H)
8. Wann beginnt die abendländische Zeitrechnung?	☐ nach dem Tod des Kaisers Tiberius (D) ☐ nach der Schlacht im Teutoburger Wald (E) ☐ mit der Geburt Jesu (I)
9. Was versteht man unter der Reformation?	☐ Gründung eines Mönchsordens (I) ☐ Verwendung der deutschen Sprache in der Kirche (O) ☐ Gründung des evangelischen Bekenntnisses (C)
10. Was sind Schiiten?	☐ Anhänger einer islamischen Glaubensrichtung (H) ☐ Angehörige eines Volksstammes in Ostafrika (N) ☐ Bewohner einer polynesischen Insel (S)

Lösungswort: __ __ __ __ __ __ __ __ __ __

Kulturwissen (2)

1. Wer schrieb den Roman „Winnetou"?	☐ Gustav Freytag (C) ☐ Rosamunde Pilcher (P) ☐ Karl May (R)
2. Was ist eine Oper?	☐ eine Automarke (A) ☐ ein Musikdrama (E) ☐ Servierfräulein (H)
3. Wer erfand die Micky-Maus-Figur?	☐ Walt Disney (G) ☐ Carlo Ponti (O) ☐ die Gebrüder Grimm (R)
4. Wer schrieb das Kinderbuch „Max und Moritz"?	☐ Heinrich Hofmann (L) ☐ Wilhelm Busch (E) ☐ Felix Dahn (A)
5. Woher stammt die Kartoffelpflanze?	☐ aus Australien (M) ☐ aus Afrika (E) ☐ aus Amerika (N)
6. Wie heißt die Zeitepoche, in der Menschen in Höhlen lebten und sich überwiegend von der Jagd ernährten?	☐ Eiszeit (R) ☐ Jungsteinzeit (A) ☐ Altsteinzeit (S)
7. Warum wird Weihnachten gefeiert?	☐ Geburt Christi (B) ☐ traditionelles Fest vor dem Jahreswechsel (I) ☐ Beginn der „zwölf heiligen Nächte" (R)
8. Welche Märchenfigur fällt beinahe einem Giftanschlag zum Opfer?	☐ Dornröschen (K) ☐ Schneewittchen (U) ☐ Aschenputtel (I)
9. Was ist Fachwerk?	☐ eine Organisation zur Vertretung der Arbeitnehmer (B) ☐ Studentenvertretung (E) ☐ Bauweise aus Holzbalken und Lehm (R)
10. Die Nachbarplaneten unser Erde heißen	☐ Mond und Merkur (O) ☐ Venus und Mars (G) ☐ Jupiter und Saturn (R)

Lösungswort: __ __ __ __ __ __ __ __ __ __

1. Wo steht die Akropolis?	☐ in Rom (R) ☐ in Athen (A) ☐ in Istanbul (M)
2. Welche Stadt wird von Christen, Juden und Moslems gleichermaßen als heilige Stadt betrachtet?	☐ Jerusalem (U) ☐ Rom (O) ☐ Mekka (A)
3. Wo befindet sich die Alhambra?	☐ in Marrakesch (H) ☐ in Agadir (P) ☐ in Granada (G)
4. Welche Farbe hat Ebenholz?	☐ rotbraun (S) ☐ schwarz (E) ☐ gelbweiß (R)
5. Was ist Elfenbein?	☐ Knochen von Walen (F) ☐ Stoßzähne von Elefanten (N) ☐ besondere Muschelschalen (E)
6. Welcher Märchenheld verliert durch Tauschgeschäfte nach und nach seinen gesamten Lohn?	☐ Rumpelstilzchen (N) ☐ das tapfere Schneiderlein (E) ☐ Hans im Glück (H)
7. Wer komponierte „Eine kleine Nachtmusik"?	☐ Mozart (O) ☐ Bach (K) ☐ Beethoven (L)
8. Welchen Baustil hat der Kölner Dom?	☐ Barock (O) ☐ Gotik (E) ☐ Romanik (D)
9. Was ist ein Aquarell?	☐ ein Gemälde mit Wasserfarben (H) ☐ ein Ölgemälde (E) ☐ ein Gemälde auf Kalk (P)
10. Was ist eine Violine?	☐ ein Blasinstrument (R) ☐ ein Tasteninstrument (F) ☐ ein Streichinstrument (E)

Lösungswort: __ __ __ __ __ __ __ __ __ __

Kulturwissen (4)

1. Was versteht man unter Alphorn?	☐ eine Gemsenart (G) ☐ einen Berg in der Schweiz (K) ☐ ein Musikinstrument (S)
2. Wo findet man Toreros?	☐ in Spanien (P) ☐ in Italien (U) ☐ in Ungarn (I)
3. Wie heißt der Religionsstifter des Islam?	☐ Hassan (M) ☐ Ali (N) ☐ Mohammed (R)
4. Wie hieß der bekannteste deutsche Komponist und Organist der Barockzeit?	☐ Georg Friedrich Händel (D) ☐ Johann Sebastian Bach (U) ☐ Ludwig van Beethoven (M)
5. Wo steht die Rialtobrücke?	☐ in San Marino (I) ☐ in Padua (E) ☐ in Venedig (N)
6. Was ist ein Maar?	☐ mit Wasser gefüllter Vulkantrichter (G) ☐ Nachtgespenst in einem Albtraum (R) ☐ abgemagertes Pferd (M)
7. Welcher europäische Staat liegt teilweise tiefer als der Meeresspiegel?	☐ Dänemark (A) ☐ die Niederlande (T) ☐ Belgien (G)
8. Was ist eine Lawine?	☐ eine duftende Blütenpflanze (T) ☐ eine Waschmaschine für Industriewäsche (E) ☐ ins Tal rutschende Schneemassen (U)
9. Worin besteht die Besonderheit der alten Brücke in Avignon?	☐ Sie führt nur zur Hälfte über den Fluss. (R) ☐ Sie ist vollständig überdacht. (L) ☐ Sie ist übermäßig breit. (T)
10. Was ist Mahagoni?	☐ ein griechisches Gericht aus Schaffleisch (E) ☐ ein tropisches Edelholz (M) ☐ ein ostasiatisches Gewürz (D)

Lösungswort: __ __ __ __ __ __ __ __ __ __

Kulturwissen (5)

1. Welche Märchenfigur fällt in einen hundertjährigen Schlaf?	☐ Aschenputtel (S) ☐ Dornröschen (Z) ☐ Schneewittchen (R)
2. Was sind Agaven?	☐ dickblättrige, stachelige Pflanzen (A) ☐ tropische Reptilien (I) ☐ Milchgetränke (U)
3. Was ist ein Komet?	☐ eine Motorradmarke (P) ☐ ein Stern, der einen Schweif hinter sich herzieht (H) ☐ ein besonderer Honigwein (N)
4. Woraus wird Sauerkraut hergestellt?	☐ aus Weißkohl (N) ☐ aus Wirsing (G) ☐ aus Grünkohl (P)
5. Was ist ein Lüster?	☐ ein Mann, der gerne Frauen nachstellt (E) ☐ ein helles, tropisches Holz (F) ☐ ein Kronleuchter (B)
6. Was bedeutet die Abkürzung BGB?	☐ Bürgerliches Gesetzbuch (Ü) ☐ Betriebs-Gehaltsbuch (N) ☐ Bundesgesetzblatt (I)
7. Was bedeutet Reduktion?	☐ Rückzug (G) ☐ Kürzung (R) ☐ Rückzahlung (N)
8. Was ist ein Pavian?	☐ ein Bewohner einer bestimmten italienischen Stadt (G) ☐ ein Angehöriger eines Mönchsordens (R) ☐ eine afrikanische Affenart (S)
9. Wer war Bonifatius?	☐ der „Apostel der Deutschen“ (T) ☐ der Befürworter des 1. Kreuzzugs (E) ☐ der Übersetzer der Bibel ins Deutsche (Ü)
10. Wo liegt Kapstadt?	☐ an der Südspitze Afrikas (E) ☐ an der Südspitze Australiens (R) ☐ an der Südspitze Amerikas (N)

Lösungswort: __ __ __ __ __ __ __ __ __ __

Kulturwissen (6)

1. Welche Versammlung tagte 1848/1849 in der Paulskirche in Frankfurt?	☐ die Katholische Bischofskonferenz (S) ☐ der 1. Evangelische Kirchentag (G) ☐ die Frankfurter Nationalversammlung (T)
2. Was gelang den Wissenschaftlern Lise Meitner und Otto Hahn im Jahre 1938 erstmalig?	☐ Kernspaltung (A) ☐ Herstellung von Penizillin (C) ☐ Bau des Ottomotors (E)
3. Was geschah am 8. Mai 1945?	☐ Landung des ersten Menschen auf dem Mond (L) ☐ Abwurf der Atombombe auf Hiroshima (H) ☐ Ende des Zweiten Weltkriegs in Europa (N)
4. Was ist Irdenware?	☐ Porzellangeschirr (D) ☐ Tongeschirr (N) ☐ Wäsche aus Baumwollfasern (A)
5. Was ist Kerosin?	☐ Treibstoff für Flugzeuge (E) ☐ Grundstoff zur Herstellung von Kerzen (F) ☐ Kunstfaser (B)
6. Was ist Kaviar?	☐ australischer Laufvogel (E) ☐ Zahnfäule (S) ☐ delikat zubereitete Fischeier (N)
7. Wer war Till Eulenspiegel?	☐ ein schelmischer Volksbuchheld (B) ☐ ein Freiheitskämpfer (U) ☐ ein berühmter Seeräuber (K)
8. Auf welchem Berg treffen sich in der Walpurgisnacht der Sage nach die Hexen?	☐ auf dem Katzenbuckel (Odenwald) (Ä) ☐ auf dem Brocken (Harz) (A) ☐ auf dem Kickelhahn (Thüringer Wald) (T)
9. In der Schlacht im Teutoburger Wald (9. n. Chr.) besiegte Hermann der Cherusker	☐ die Gallier (S) ☐ die Rheinfranken (E) ☐ die Römer (U)
10. In welcher Stadt steht die in der Form einer Glocke gestaltete Frauenkirche?	☐ Leipzig (E) ☐ München (L) ☐ Dresden (M)

Lösungswort: __ __ __ __ __ __ __ __ __ __

Geschichte (1)

1. Welches alte Kulturvolk hat die Einteilung des Tages in zweimal zwölf Stunden vorgenommen?	☐ die Ägypter (W) ☐ die Römer (K) ☐ die Babylonier (H)
2. Von welcher Stadt aus regierte Kaiser Augustus sein Reich?	☐ Konstantinopel (E) ☐ Rom (A) ☐ Athen (N)
3. Wer war Martin Luther?	☐ der Begründer des Protestantismus (S) ☐ der Maler der Sixtinischen Madonna (E) ☐ der Komponist des „Messias" (I)
4. Wann fand der Dreißigjährige Krieg statt?	☐ 1576 – 1606 (N) ☐ 1618 – 1648 (E) ☐ 1512 – 1542 (I)
5. Welche historische Entwicklung löste der Sturm auf die Bastille aus?	☐ die Französische Revolution (N) ☐ die amerikanische Unabhängigkeit (F) ☐ den italienischen Freiheitskrieg (K)
6. Wie hieß der „Schmied des Deutschen Reiches"?	☐ Friedrich Ebert (E) ☐ Paul von Hindenburg (Z) ☐ Otto von Bismarck (S)
7. Was löste die Ermordung des Thronfolgers der Donaumonarchie (Sarajewo 1914) aus?	☐ eine gigantische Verhaftungswelle in Serbien (A) ☐ den Ersten Weltkrieg (T) ☐ den Russisch-Türkischen Krieg (L)
8. Wann war die „große" Inflation?	☐ 1923 (A) ☐ 1914 (N) ☐ 1933 (L)
9. Wie lange dauerte der Erste Weltkrieg?	☐ 3 Jahre (E) ☐ 6 Jahre (G) ☐ 4 Jahre (L)
10. Welche Staatsform setzte sich nach der Abdankung des Kaisers in Deutschland durch?	☐ Diktatur (E) ☐ konstitutionelle Monarchie (R) ☐ Demokratie (L)

Lösungswort: __ __ __ __ __ __ __ __ __ __

Geschichte (2)

1. Wann übernahmen die Nationalsozialisten in Deutschland die Macht?	☐ 1927 (O) ☐ 1933 (T) ☐ 1945 (A)
2. Wie lange dauerte das sogenannte Dritte Reich?	☐ 8 Jahre (L) ☐ 12 Jahre (A) ☐ 15 Jahre (B)
3. Der Zweite Weltkrieg dauerte von	☐ 1939 – 1945 (N) ☐ 1936 – 1942 (T) ☐ 1940 – 1946 (S)
4. Nach der Niederwerfung Nazi-Deutschlands wurde Deutschland aufgeteilt in	☐ zwei Besatzungszonen (E) ☐ drei Besatzungszonen (T) ☐ vier Besatzungszonen (K)
5. Die östlichen Gebiete des damaligen Deutschlands wurden	☐ abgetrennt und Russland und Polen zugeschlagen (S) ☐ unter besondere internationale Verwaltung gestellt (K) ☐ zu militärischen Schutzzonen ausgebaut (R)
6. Was bedeutet „Kalter Krieg"?	☐ Im Winter werden alle Kriegshandlungen eingestellt. (U) ☐ Fortdauer der Feindseligkeiten ohne Waffeneinsatz (C) ☐ bewaffnete Auseinandersetzungen in den Polarregionen (N)
7. Was verstand man unter dem „Eisernen Vorhang"?	☐ die unpassierbare innerdeutsche Grenze (H) ☐ die unnachgiebige Politik der damaligen Ostblockstaaten (C) ☐ die vielen Sperren an den innerdeutschen Grenzübergängen (A)
8. Was bedeutete die Abkürzung „DDR"?	☐ Demokratische Donaurepublik (T) ☐ Deutsche Demokratische Republik (I) ☐ Demokratische Deutsche Räterepublik (H)
9. Wann wurde die Berliner Mauer gebaut?	☐ 1961 (F) ☐ 1989 (E) ☐ 1946 (I)
10. Wofür steht die Abkürzung NATO?	☐ für das nordatlantische Verteidigungsbündnis (F) ☐ für die deutsch-französische Freundschaft (N) ☐ für die Euro-Währungsgemeinschaft (V)

Lösungswort: __ __ __ __ __ __ __ __ __ __

1. Wie hieß der Bundeskanzler, der zur Zeit der Wiedervereinigung beider deutscher Staaten amtierte?	☐ Helmut Schmidt (G) ☐ Helmut Kohl (A) ☐ Willy Brandt (N)
2. In welchem Jahr fand die sogenannte Studentenrevolte statt?	☐ 1968 (N) ☐ 1953 (E) ☐ 1976 (A)
3. Was bedeutet die Abkürzung RAF?	☐ Ran an (den) Feind! (S) ☐ Regional American Forces (T) ☐ Rote Armee Fraktion (D)
4. Wie hießen die beiden Staatsoberhäupter, die den Deutsch-Französischen Freundschaftsvertrag abschlossen?	☐ Charles de Gaulle und Konrad Adenauer (A) ☐ Guiscard d'Estaing und Ludwig Erhard (C) ☐ Pierre Brice und Georg Kiesinger (U)
5. Welchem deutschen Bundeskanzler gelang die Annäherung an die osteuropäischen Nachbarstaaten?	☐ Gerhard Schröder (H) ☐ Willy Brandt (L) ☐ Ludwig Ehrhard (R)
6. Was war die „Berlin-Blockade"?	☐ die Abschottung des damals von DDR-Territorium umgebenen Westberlins, um es auszuhungern (U) ☐ Verbot des Anflugs der Berliner Flughäfen (S) ☐ Sperrung aller Zugverbindungen nach Westberlin (I)
7. Was war der Warschauer Pakt?	☐ die Freihandelszone des damaligen Ostblocks (C) ☐ das Bündnis der damals kommunistischen Staaten des Ostblocks (S) ☐ ein Verteidigungsbündnis zwischen Polen und der Tschechoslowakei (T)
8. Was bedeutete die Sues-Krise für den Welthandel?	☐ Der Sueskanal blieb ein Jahr lang für die internationale Schifffahrt geschlossen. (I) ☐ Der Handel mit dem Vorderen Orient kam zum Erliegen. (H) ☐ Da die Schiffe nicht mehr verkehren konnten, wurden Großraumflugzeuge eingesetzt. (R)
9. Wann löste sich die Sowjetunion auf?	☐ 1991 (E) ☐ 1996 (O) ☐ 1989 (T)
10. Wie heißen die Konfliktparteien in Nordirland?	☐ Iren und Briten (N) ☐ Iren und Schotten (M) ☐ Briten und Schotten (E)

Lösungswort: __ __ __ __ __ __ __ __ __ __

Geografie (1)

1. An welchem Fluss liegt Köln?	☐ Elbe (W) ☐ Weser (E) ☐ Rhein (R)
2. Hessen grenzt an	☐ Thüringen (E) ☐ Sachsen (R) ☐ Mecklenburg-Vorpommern (A)
3. Die größte deutsche Insel heißt	☐ Helgoland (L) ☐ Langeoog (B) ☐ Rügen (G)
4. An welchem Fluss liegt Dresden?	☐ Weser (D) ☐ Oder (S) ☐ Elbe (E)
5. Niedersachsen grenzt an	☐ Rheinland-Pfalz (G) ☐ Mecklenburg-Vorpommern (N) ☐ Baden-Württemberg (E)
6. Wie heißt der höchste Berg der Bundesrepublik Deutschland?	☐ Zugspitze (B) ☐ Matterhorn (E) ☐ Brocken (N)
7. Welcher Fluss fließt durch Berlin?	☐ Aller (H) ☐ Elbe (T) ☐ Spree (O)
8. Wie heißt das deutsche Bundesland zwischen Nordsee und Ostsee?	☐ Bremen (O) ☐ Hamburg (Ö) ☐ Schleswig-Holstein (G)
9. An welchem Fluss liegt das hessische Frankfurt?	☐ Neckar (P) ☐ Mosel (L) ☐ Main (E)
10. Wo gibt es in Deutschland merkbar Ebbe und Flut?	☐ nirgendwo (F) ☐ an der Nordsee (N) ☐ an der Ostsee (Z)

Lösungswort: __ __ __ __ __ __ __ __ __ __

1. Welcher Fluss fließt durch München?	☐ Ilm (B) ☐ Isar (W) ☐ Donau (R)
2. Eine Alm ist eine …	☐ Sommerweide oben im Gebirge (A) ☐ ein böser Traum (E) ☐ Hochebene (I)
3. Iller, Lech, Regen, Inn sind Nebenflüsse	☐ der Oder (G) ☐ des Rheins (E) ☐ der Donau (S)
4. Die Landeshauptstadt des Saarlandes heißt	☐ St. Ingbert (R) ☐ Saarbrücken (S) ☐ Saarlouis (E)
5. Die Landeshauptstadt von Hessen heißt	☐ Kassel (G) ☐ Frankfurt (N) ☐ Wiesbaden (E)
6. Die Oder ist der Grenzfluss zwischen	☐ Deutschland und Polen (R) ☐ Deutschland und Tschechien (W) ☐ Deutschland und Österreich (A)
7. Die Landeshauptstadt von Thüringen heißt	☐ Jena (R) ☐ Gera (U) ☐ Erfurt (W)
8. Die Landeshauptstadt von Nordrhein-Westfalen heißt	☐ Köln (R) ☐ Düsseldorf (E) ☐ Bonn (T)
9. Welches ist kein deutsches Bundesland?	☐ Brandenburg (M) ☐ Mecklenburg-Vorpommern (E) ☐ Luxemburg (C)
10. Die Hauptstadt von Sachsen heißt	☐ Dresden (K) ☐ Leipzig (S) ☐ Chemnitz (N)

Lösungswort: __ __ __ __ __ __ __ __ __ __

Geografie (3)

1. Wie heißt die Landeshauptstadt von Sachsen-Anhalt?	☐ Merseburg (M) ☐ Magdeburg (V) ☐ Halle (S)
2. Welcher Fluss fließt durch den Bodensee?	☐ Donau (A) ☐ Rhein (O) ☐ Rhône (I)
3. Nenne die Landeshauptstadt von Bayern!	☐ Regensburg (U) ☐ Bamberg (T) ☐ München (G)
4. Die Landeshauptstadt von Mecklenburg-Vorpommern heißt	☐ Kiel (T) ☐ Schwerin (E) ☐ Rostock (B)
5. Die nordfriesischen Inseln heißen	☐ die Lofoten (W) ☐ die Kanalinseln (E) ☐ die Halligen (L)
6. Die Landeshauptstadt von Baden-Württemberg heißt	☐ Heidelberg (R) ☐ Stuttgart (B) ☐ Mannheim (O)
7. Der größte deutsche Überseehafen befindet sich in	☐ Hamburg (A) ☐ Emden (M) ☐ Bremen (C)
8. Welches Gebirge liegt nicht in Deutschland?	☐ der Harz (H) ☐ die Vogesen (U) ☐ der Schwarzwald (A)
9. Die brandenburgische Landeshauptstadt heißt	☐ Berlin (Z) ☐ Brandenburg (N) ☐ Potsdam (E)
10. Welche Stadt liegt nicht in Deutschland?	☐ Hannover (N) ☐ Salzburg (R) ☐ Würzburg (U)

Lösungswort: __ __ __ __ __ __ __ __ __ __

1. Welcher der genannten Staaten gehört nicht zu Skandinavien?	☐ Norwegen (A) ☐ Irland (G) ☐ Schweden (C)
2. Welcher Staat hat geografisch die Form eines Stiefels?	☐ Italien (A) ☐ Großbritannien (L) ☐ Portugal (H)
3. Wie heißt die Hauptstadt von Griechenland?	☐ Kairo (I) ☐ Rhodos (T) ☐ Athen (S)
4. Wo steht der Eiffelturm?	☐ Granada (E) ☐ Paris (H) ☐ London (N)
5. Welcher der genannten Staaten ist keine Insel?	☐ Island (R) ☐ Malta (C) ☐ Albanien (E)
6. Wie heißt das östliche Grenzgebirge zwischen Europa und Asien?	☐ Himalaya (N) ☐ Ural (I) ☐ Karpaten (H)
7. Wie heißt die Hauptstadt Russlands?	☐ Moskau (Z) ☐ Kiew (A) ☐ Warschau (I)
8. Wo liegt der Bosporus?	☐ in Spanien (T) ☐ in Rumänien (L) ☐ in Istanbul (U)
9. Wie heißt die Hauptstadt Belgiens?	☐ Antwerpen (I) ☐ Brüssel (N) ☐ Dublin (L)
10. Wo steht das Kolosseum?	☐ in Rom (G) ☐ in Jerusalem (A) ☐ in Madrid (V)

Lösungswort: __ __ __ __ __ __ __ __ __ __

Geografie (5)

1. Der Name des größten Erdteils lautet	☐ Amerika (Z) ☐ Afrika (G) ☐ Asien (K)
2. Welcher Kontinent wird auch als Doppelkontinent bezeichnet?	☐ Asien (O) ☐ Amerika (U) ☐ Afrika (E)
3. Zu welchem Kontinent gehört Japan?	☐ Europa (L) ☐ Australien (M) ☐ Asien (C)
4. Wie heißt das Weltmeer zwischen Europa und Amerika?	☐ Atlantik (K) ☐ Pazifik (D) ☐ Europäisches Nordmeer (P)
5. Die Hauptstadt von Indien heißt	☐ Kalkutta (A) ☐ Neu-Delhi (E) ☐ Colombo (S)
6. Der höchste Berg der Welt heißt	☐ Mount Everest (R) ☐ Nanga Parbat (C) ☐ Aconcagua (T)
7. Nenne die Hauptstadt Chinas!	☐ Tokio (I) ☐ Singapur (H) ☐ Peking (B)
8. Die Sahara liegt in	☐ Afrika (R) ☐ Asien (B) ☐ Südamerika (E)
9. Wie heißt der Leben spendende Fluss Ägyptens?	☐ Niger (I) ☐ Nil (O) ☐ Tiber (E)
10. Die Hauptstadt Australiens heißt	☐ Canberra (T) ☐ Sidney (L) ☐ Melbourne (N)

Lösungswort: __ __ __ __ __ __ __ __ __ __

1. Der Kaukasus ist	☐ eine Meerenge (K) ☐ ein Gebirge (S) ☐ ein Fluss (B)
2. Wo gibt es Fjorde?	☐ in Österreich (O) ☐ in Griechenland (I) ☐ in Norwegen (C)
3. Wo liegt die Poebene?	☐ in Italien (H) ☐ in Spanien (R) ☐ in der Schweiz (N)
4. Wie heißt der höchste Berg der Alpen?	☐ Matterhorn (I) ☐ Montblanc (O) ☐ Zugspitze (C)
5. Wie heißt die Meeresströmung, die Europa im Winter wärmt?	☐ Bermuda-Strom (F) ☐ Humboldt-Strom (H) ☐ Golfstrom (K)
6. Welche Sprache wird in Österreich überwiegend gesprochen?	☐ Deutsch (O) ☐ Österreichisch (A) ☐ Slowenisch (E)
7. Welche Insel wird auch als „grüne Insel" bezeichnet?	☐ Irland (L) ☐ Madeira (T) ☐ Island (N)
8. Die Pyrenäen sind ein Gebirge zwischen	☐ Italien und der Schweiz (I) ☐ Frankreich und Spanien (A) ☐ Rumänien und Bulgarien (U)
9. Wo fließt die Rhône?	☐ Frankreich (D) ☐ Portugal (U) ☐ Polen (H)
10. Wie heißt die Hauptstadt von Dänemark?	☐ Ârhus (R) ☐ Stockholm (S) ☐ Kopenhagen (E)

Lösungswort: __ __ __ __ __ __ __ __ __ __

Geografie (7)

1. Was ist das Horn von Afrika?	☐ der weithin sichtbare Berg an Kap Hoorn (T) ☐ spitze Landzunge an der ostafrikanischen Küste (M) ☐ eine seltene, aber gefährliche Nashornart (M)
2. Wo liegt Feuerland?	☐ südlich von Australien im Tasmanischen Meer (I) ☐ Feuerland ist der alte Name Islands (A) ☐ Inselgruppe an der Südspitze Südamerikas (I)
3. Von den USA aus gesehen liegt Kanada	☐ nördlich (T) ☐ östlich (K) ☐ südlich (S)
4. Wo leben die Maoris?	☐ auf Madagaskar (R) ☐ in Neuseeland (T) ☐ auf Hawaii (C)
5. Welches Land wird als „Dach der Welt" bezeichnet?	☐ Nepal (H) ☐ Burma (O) ☐ Tibet (E)
6. Wo sind die Niagarafälle?	☐ in Afrika (W) ☐ in Nordamerika (L) ☐ in Sibirien (E)
7. Wo findet man den Ganges?	☐ in China (E) ☐ in Zentralafrika (N) ☐ in Indien (M)
8. Zu welchem Staat gehört Alaska?	☐ zu den USA (E) ☐ zu Kanada (U) ☐ zu Russland (L)
9. Wo fließt der Amazonas?	☐ in Nordamerika (H) ☐ in Südamerika (E) ☐ in Westafrika (L)
10. Wo leben die Aborigines?	☐ in Australien (R) ☐ in indischen Dschungel (E) ☐ in den brasilianischen Urwäldern (R)

Lösungswort: __ __ __ __ __ __ __ __ __ __

1. Nenne die wichtigste gesetzliche Grundlage der rechtsstaatlichen Ordnung der Bundesrepublik Deutschland!	☐ Weimarer Verfassung (P) ☐ Einigungsvertrag (L) ☐ Grundgesetz (A)
2. Nenne die Staatsform der BRD!	☐ konstitutionelle Monarchie (L) ☐ parlamentarische Monarchie (O) ☐ parlamentarische Demokratie (K)
3. Wer ist das Staatsoberhaupt der BRD?	☐ Bundespräsident (A) ☐ Bundeskanzler (C) ☐ Bundesratspräsident (E)
4. Wer wählt den Bundestag?	☐ Bundesrat (N) ☐ die wahlberechtigten Bürger (D) ☐ Bundesregierung (H)
5. Wer beschließt die Gesetze in der Bundesrepublik Deutschland?	☐ Bundeskanzler (A) ☐ Bundestag (E) ☐ Bundespräsident (K)
6. Wann wurde die Bundesrepublik Deutschland gegründet?	☐ 1949 (M) ☐ 1933 (A) ☐ 1989 (R)
7. Wie hieß der erste Bundeskanzler der BRD?	☐ Theodor Heuss (M) ☐ Helmut Schmidt (S) ☐ Konrad Adenauer (I)
8. Was wird am 3. Oktober, dem Nationalfeiertag der Deutschen, gefeiert?	☐ Tag der Befreiung von der Hitler-Diktatur (A) ☐ Aufnahme Deutschlands in die UNO (E) ☐ Wiedervereinigung beider deutscher Staaten (K)
9. Wie wird das Oberhaupt eines Bundeslandes genannt (außer in Hamburg, Bremen und Berlin)?	☐ Ministerialdirektor (A) ☐ Staatsminister (R) ☐ Ministerpräsident (E)
10. Wie heißen die gewählten Vertreter eines Bundeslandes, die die Landesgesetze verabschieden?	☐ Landtagsabgeordnete (R) ☐ Bürgervertreter (A) ☐ Landräte (L)

Lösungswort: __ __ __ __ __ __ __ __ __ __

Politik und Wirtschaft (2)

1. Wie heißen die gewählten Bürgervertreter, die den Bürgermeister und den Magistrat einer Stadt kontrollieren?	☐ Stadtverordnete (H) ☐ Stadtkämmerer (S) ☐ Stadtarchivare (B)
2. Ein Landrat steht an der Spitze	☐ einer Wirtschaftsregion (U) ☐ eines Bundeslandes (T) ☐ eines Landkreises (E)
3. In welchem Jahr fand die Wiedervereinigung der beiden deutschen Staaten statt?	☐ 1989 (A) ☐ 1990 (L) ☐ 1991 (T)
4. Wer wählt den Bundeskanzler?	☐ der Bundesrat (T) ☐ die Bundesversammlung (R) ☐ der Bundestag (L)
5. Welche Ausgaben steigen während eines Wirtschaftsabschwungs stark an?	☐ die der Rentenversicherung (E) ☐ die der Arbeitslosenversicherung (I) ☐ die der Krankenkassen (K)
6. Was ist eine Rezession?	☐ ansteckende Krankheit (S) ☐ Wirtschaftsabschwung (G) ☐ Wirtschaftsaufschwung (R)
7. Was versteht man unter Bruttosozialprodukt?	☐ Geldwert aller erzeugten Güter und Dienstleistungen eines Jahres (K) ☐ das gesamte Steueraufkommen eines ganzen Jahres (F) ☐ die Gesamtheit aller Staatsausgaben eines Jahres (T)
8. Was ist Insolvenz?	☐ ein Hormon (R) ☐ eine Geldanlageberatung (A) ☐ Zahlungsunfähigkeit (E)
9. Was ist eine Subvention?	☐ finanzielle Beihilfe, die nicht zurückgezahlt werden muss (I) ☐ Zusammenbruch eines Geldinstituts (O) ☐ Auszahlung eines Gewinnanteils (S)
10. Wie heißt der oberste deutsche Gerichtshof, der Gesetze auf ihre Übereinstimmung mit dem Grundgesetz überprüfen kann?	☐ Landgericht (S) ☐ Bundesverfassungsgericht (T) ☐ Oberlandesgericht (M)

Lösungswort: __ __ __ __ __ __ __ __ __ __

1. Deutschland ist ein Bundesstaat. Das bedeutet,	☐ dass Deutschland eine Bundesliga haben darf. (W) ☐ dass Deutschland ein Zusammenschluss von einzelnen Bundesländern zu einem Gesamtstaat ist. (K) ☐ dass die Bundesregierung jedes Bundesland regiert. (S)
2. Mit welchen Worten beginnt die Nationalhymne?	☐ Freude schöner Götterfunken (P) ☐ Einigkeit und Recht und Freiheit (I) ☐ Deutschland, Deutschland über alles (O)
3. Wie heißt die Vereinigung von Abgeordneten derselben Partei im Parlament?	☐ Parteiversammlung (R) ☐ Parteitag (H) ☐ Fraktion (N)
4. Welche Bedeutung hat die Abkürzung KG?	☐ Kommanditgesellschaft (D) ☐ Kaufmannsgemeinschaft (U) ☐ Kompaniegesellschaft (N)
5. Welches Bundesland führt ein springendes Pferd im Wappen?	☐ Brandenburg (N) ☐ Hessen (Z) ☐ Niedersachsen (E)
6. Was versteht man unter Wirtschaftswunder?	☐ die Eröffnung vieler Gaststätten (G) ☐ den wirtschaftlichen Aufschwung der 50er- und 60er-Jahre (R) ☐ die Einführung der D-Mark im Jahre 1948 (I)
7. In welchem Ausschuss der Volksvertretungen in Bund und Ländern können Bürgerinnen und Bürger ihre Anliegen und Beschwerden vorbringen?	☐ Finanzausschuss (M) ☐ Petitionsausschuss (B) ☐ Untersuchungsausschuss (T)
8. Welche Bedeutung hat die Abkürzung DIN?	☐ Deutsche Industrie-Norm (E) ☐ DAX-Index-Nummer (M) ☐ Deutsche Index-Nummer (U)
9. Was bedeutet die Abkürzung GmbH?	☐ Gesellschaft mit bindender Haltung (E) ☐ Gesellschaft mit beschränkter Haftung (T) ☐ Gesellschaft mit besonderen Hilfen (R)
10. Was ist Gewaltenteilung?	☐ Die Staatsgewalt wird an die Bundesländer verteilt. (M) ☐ Die Regierung wird entlastet, indem sie die Gewalten an andere weitergibt. (R) ☐ Parlamente, Gerichte und Regierung sind voneinander unabhängig. (T)

Lösungswort: __ __ __ __ __ __ __ __ __ __

Biologie (1)

1. Welches Tier ist kein Fisch?	☐ Hai (H) ☐ Delfin (P) ☐ Hecht (O)
2. Welches Tier ist kein Reptil?	☐ Alligator (B) ☐ Kreuzotter (A) ☐ Salamander (R)
3. Welcher Vogel legt seine Eier in fremde Nester und lässt sie von anderen Vogelarten ausbrüten?	☐ Kuckuck (A) ☐ Ringeltaube (S) ☐ Blaumeise (F)
4. Welcher Fisch lebt nicht im Süßwasser?	☐ Forelle (T) ☐ Hering (K) ☐ Karpfen (E)
5. Was sind Zugvögel?	☐ scherzhafte Bezeichnung für Wohnsitzlose (R) ☐ Vögel, die in Reihen hintereinander herfliegen (K) ☐ Vögel, die im Süden überwintern (T)
6. Was ist Wildtollwut?	☐ gefährliche Wildkrankheit, die auch Menschen befallen kann (I) ☐ ausgelassenes Tanzen in der Faschingszeit (S) ☐ eine Seuche unter Füchsen (U)
7. Wie nennt man ein junges Pferd?	☐ Kalb (U) ☐ Stute (C) ☐ Fohlen (K)
8. Was ist ein Bulle?	☐ männliches Rind (A) ☐ mundartlicher Ausdruck für eine Bierflasche (H) ☐ Angehöriger eines Indianerstammes (P)
9. Was ist eine Metamorphose bei Tieren?	☐ enges Zusammenleben zweier Tier- oder Pflanzenarten (E) ☐ vollständige Wandlung der äußeren Gestalt (N) ☐ ungewöhnliches Balzverhalten (P)
10. Wie nennt man eine Frosch- oder Krötenlarve?	☐ Neunauge (E) ☐ Kabeljau (N) ☐ Kaulquappe (T)

Lösungswort: __ __ __ __ __ __ __ __ __ __

1. Welcher Wirbeltierklasse gehören Eidechsen an?	☐ Amphibien (A) ☐ Reptilien (B) ☐ Säugetiere (P)
2. Was ist die gemeinsame Besonderheit von Säugetieren und Vögeln?	☐ gleichmäßige Körpertemperatur (I) ☐ wechselwarm (M) ☐ nicht vorhanden (R)
3. Weizen, Mais und Bambus: Alle sind …	☐ Stauden (E) ☐ Blütenpflanzen (A) ☐ Grasarten (B)
4. Sonnenblumen, Löwenzahn und Gänseblümchen: Alle sind …	☐ Kreuzblütler (K) ☐ Korbblütler (L) ☐ Lippenblütler (I)
5. Was ist Chlorophyll?	☐ ein Baumpilz (S) ☐ Blattgrün (I) ☐ ein Pflanzenhormon (T)
6. Was versteht man unter Fotosynthese	☐ Herstellung von Stärke mithilfe des Lichtes (O) ☐ Waldsterben (I) ☐ Verlust der Blätter im Herbst (E)
7. Ratte, Hase und Eichhörnchen: Alle sind …	☐ Waldtiere (K) ☐ Tiere mit Fluchtinstinkt (N) ☐ Nagetiere (T)
8. Nenne die Besonderheit eines afrikanischen Straußes!	☐ Er hat keine Federn. (A) ☐ Er kann nicht fliegen. (H) ☐ Er nutzt seinen Schnabel als gefährliche Waffe. (B)
9. Welche der genannten Baumarten ist kein Nadelbaum?	☐ Kiefer (Ä) ☐ Esche (E) ☐ Tanne (N)
10. Was ist ein Heuler?	☐ ein verlassener junger Seehund (K) ☐ ein hungriger Wolf (T) ☐ ein nachts bellender Fuchs (R)

Lösungswort: __ __ __ __ __ __ __ __ __ __

Biologie (3)

1. Welche Tierart steht dem Menschen im Tierreich am nächsten?	☐ Bären (W) ☐ Delfine (P) ☐ Affen (E)
2. Wie viele einzelne Knochen hat ein menschliches Skelett?	☐ etwa 200 (L) ☐ etwa 175 (A) ☐ etwa 125 (A)
3. Zu welcher Wirbeltierklasse gehört der Mensch?	☐ zu den Reptilien (N) ☐ zu den Säugetieren (E) ☐ zu den Amphibien (M)
4. Wo befinden sich beim Menschen die Schlüsselbeine?	☐ oberhalb des Brustkorbs am Hals (K) ☐ am Unterschenkel (D) ☐ am Oberschenkel (P)
5. Welchen Vorteil hat dunkle Haut für Afrikaner?	☐ Dunkle Hautfarbe sieht gut aus. (S) ☐ Menschen mit dunkler Hautfarbe sind nachts von den Raubtieren nicht zu erkennen. (E) ☐ Die Pigmente schützen vor starker Sonnenstrahlung. (T)
6. Was ist eine Elle?	☐ eine alte Bezeichnung für eine hochbetagte Frau (C) ☐ ein Unterschenkelknochen (L) ☐ ein Unterarmknochen (R)
7. Was sind Vegetarier?	☐ Menschen, die an starkem Haarausfall leiden (M) ☐ Menschen, die allergisch gegen Obst sind (H) ☐ Menschen, die sich ausschließlich von Pflanzenprodukten ernähren (I)
8. Was ist Tuberkulose?	☐ eine sehr gefährliche Krankheit (K) ☐ der lateinische Name für die Kartoffelpflanze (I) ☐ ein seltener Speisepilz (U)
9. Was ist Insulin?	☐ Gallenflüssigkeit (R) ☐ Blutfarbstoff (S) ☐ Hormon der Bauchspeicheldrüse (E)
10. Warum ist Fieber über 40 Grad gefährlich?	☐ weil das Herz so hohe Temperaturen nicht aushält (M) ☐ weil das Blut gerinnen könnte (R) ☐ weil die Venen und Arterien dann platzen könnten (E)

Lösungswort: __ __ __ __ __ __ __ __ __ __

1. Welches Tier ist der Stammvater des Hundes?	☐ Fuchs (B) ☐ Wolf (S) ☐ Dingo (H)
2. Was sind fliegende Hunde?	☐ große Verwandte der Fledermäuse (C) ☐ Zirkushunde (A) ☐ scherzhafte Bezeichnung für Luftschiffe (I)
3. Was ist ein Maultier?	☐ Mischling aus Pferd und Zebra (L) ☐ Mischling aus Pferd und Esel (H) ☐ Mischling aus Zebra und Esel (A)
4. Welches der genannten Tiere ist kein Schmetterling?	☐ Pfauenauge (R) ☐ Zitronenflügler (U) ☐ Landkärtchen (D)
5. Was ist ein Dromedar?	☐ eine Bergziegenart (S) ☐ eine Unterart der Lamas (B) ☐ eine Kamelart mit einem Höcker (L)
6. Was ist ein Wiedehopf?	☐ ein Vogel (S) ☐ eine Froschart (Ü) ☐ ein Beuteltier (C)
7. Welches ist die größte Eulenart?	☐ die Schleiereule (R) ☐ der Uhu (P) ☐ die Waldohreule (H
8. Wo lebt der Steinadler, das deutsche Wappentier?	☐ im Hochgebirge (O) ☐ an der Küste (I) ☐ in großen Waldgebieten (S)
9. Welches Tier heißt Fischotter?	☐ ein Speisefisch (T) ☐ eine Schlangenart (R) ☐ ein marderähnliches Raubtier am Wasser (R)
10. Wo fängt man den Rotbarsch?	☐ im Bodensee (E) ☐ im Kaspischen Meer (M) ☐ in der Nordsee (T)

Lösungswort: __ __ __ __ __ __ __ __ __ __

Biologie (5)

1. Was ist eine Injektion?	☐ mithilfe einer Spritze verabreichte Medikamentengabe (K) ☐ Nahrungsmittelgabe per Magensonde (B) ☐ durch Bakterien hervorgerufene Erkrankung (A)
2. Was versteht man unter Netzhaut?	☐ das netzartige Geflecht unter der Haut der Bauchdecke (U) ☐ die Sehnerven an der Rückwand des Innenauges (A) ☐ die unterste Hautschicht des Menschen (L)
3. Wie viele Zähne hat ein erwachsener Mensch von Natur aus?	☐ 20 (G) ☐ 28 (I) ☐ 32 (N)
4. Was ist der Blinddarm?	☐ Fleck auf der Augenrückwand ohne Sehnerven (N) ☐ ein Fortsatz an der Gallenblase (E) ☐ ein für die menschliche Verdauung nicht benötigtes Stück Darm (U)
5. Welche Aufgabe haben die weißen Blutkörperchen?	☐ Sauerstofftransport (N) ☐ Nahrungsversorgung der Organe (K) ☐ Bekämpfung von Eindringlingen aller Art (F)
6. Wie viele Geschmacksrichtungen kann der Mensch feststellen?	☐ 4 (A) ☐ 7 (L) ☐ 9 (B)
7. Wozu ist die Zunge – außer dem Schmecken – noch ganz wichtig?	☐ zum Herausstrecken (R) ☐ zum Transport der zerkleinerten Nahrung (H) ☐ zum Befeuchten der Lippen (I)
8. Welche Blutgruppe gibt es nicht?	☐ 0 (A) ☐ B (C) ☐ C (R)
9. Welche Aufgabe hat die Lunge?	☐ Austausch von Sauerstoff und Kohlendioxid (E) ☐ Erneuerung des Blutes (U) ☐ Verarbeitung der Vitamine (H)
10. Welche Aufgabe hat die Galle?	☐ Sie verdaut den Zucker. (T) ☐ Sie läuft über und macht Menschen aggressiv. (E) ☐ Sie bereitet die Fettverdauung vor. (R)

Lösungswort: __ __ __ __ __ __ __ __ __ __

1. Was ist eine Turbine?	☐ ein Rennauto (L) ☐ eine Kraftmaschine (V) ☐ ein tropischer Wirbelsturm (H)
2. Woraus wird Kernseife hergestellt?	☐ aus Fett und Natron (E) ☐ aus Fett und Duftstoffen (Ü) ☐ aus Öl und Ammoniak (A)
3. Was misst man mit einem Barometer?	☐ den Wasserdruck beim Tauchen (H) ☐ den Blutdruck (N) ☐ den Luftdruck (R)
4. Welche elektrische Größe wird in „Volt" angegeben?	☐ Stromstärke (N) ☐ Spannung (K) ☐ Widerstand (D)
5. Was ist eine Legierung?	☐ Gestein (S) ☐ synthetisch hergestelltes Edelmetall (E) ☐ Mischmetall (A)
6. Wie heißt der chemische Prozess, der Eisen rosten lässt?	☐ Oxidation (E) ☐ Infiltration (C) ☐ Konglomerat (R)
7. Was ist Uran?	☐ ein Gas (H) ☐ ein seltenes Gestein (F) ☐ ein Metall (U)
8. Welche magnetischen Pole ziehen sich an?	☐ Plus und Plus (I) ☐ Plus und Minus (F) ☐ Minus und Minus (A)
9. Was misst man mit einem Manometer?	☐ den Druck von Gasen (E) ☐ die Temperatur in einem Hochofen (F) ☐ die Geschwindigkeit von Flugzeugen (R)
10. Wie viel wiegt ein Liter Wasser bei 4 Grad Celsius?	☐ 500 g (M) ☐ 750 g (T) ☐ 1 000 g (R)

Lösungswort: __ __ __ __ __ __ __ __ __ __

Physik/Chemie (2)

1. Was ist Quecksilber?	☐ ein Metall (W) ☐ ein Medikament (E) ☐ ein Fieberthermometer (R)
2. Wie lange braucht das Licht von der Sonne bis zur Erde?	☐ etwa 2 ½ Stunden (L) ☐ etwa 28 Minuten (Ü) ☐ etwa 8 Minuten (I)
3. Was ist ein Atom?	☐ ein Kraftwerk (S) ☐ das kleinste Teilchen eines chemischen Elements (R) ☐ ein Treibstoff (E)
4. Bei welcher Temperatur liegt der absolute Nullpunkt?	☐ bei – 525 Grad Celsius (K) ☐ bei – 312 Grad Celsius (S) ☐ bei – 273 Grad Celsius (T)
5. Wie hoch ist die Temperatur des Drahtes in der Glühlampe?	☐ etwa 2 900 Grad Celsius (S) ☐ etwa 750 Grad Celsius (T) ☐ etwa 1 100 Grad Celsius (E)
6. Aus welchem Stoff baut sich die organische Chemie auf?	☐ aus Stickstoff (R) ☐ aus Wasserstoff (L) ☐ aus Kohlenstoff (S)
7. Was kann mit einem Glasprisma gemacht werden?	☐ Man kann Licht verstärken. (P) ☐ Man kann UV-Strahlen filtern. (I) ☐ Man kann Licht in Farben zerlegen. (T)
8. Welche Abkürzung hat das chemische Element Eisen?	☐ Fe (U) ☐ Ei (E) ☐ Es (K)
9. Wofür steht die Abkürzung CO_2?	☐ für Kohlenstoff (S) ☐ für Kohlendioxid (B) ☐ für Stickstoff (E)
10. Wie heißen die Stoffe, die eine chemische Reaktion beschleunigen?	☐ Katalysatoren (E) ☐ Hydrauliker (R) ☐ Antipoden (T)

Lösungswort: __ __ __ __ __ __ __ __ __ __

1. Was ist ein Asteroid?	☐ ein kleiner Planet (L) ☐ ein Nachkomme von Asterix (B) ☐ Name eines Raumschiffs (W)
2. Was ist Lava?	☐ ein Waschmaschinenhersteller (U) ☐ glühende Masse aus dem Erdinneren (I) ☐ ein Vulkan in Italien (R)
3. Mit welcher Längeneinheit wird die Entfernung im Weltraum gemessen?	☐ mit Gigakilometern (R) ☐ mit Megaquarks (O) ☐ mit Lichtjahren (E)
4. Wann entsteht eine Sonnenfinsternis?	☐ wenn Sonne, Mond und Erde eine Linie bilden (T) ☐ wenn der Schatten des Mondes auf die Erde fällt (B) ☐ wenn der Schatten der Sonne auf den Mond trifft (S)
5. Wann entsteht ein Regenbogen?	☐ bei Brechung des Lichts durch Regentropfen vor einer Wolkenwand (S) ☐ bei Eintritt der Sonnenstrahlung in die Erdatmosphäre (T) ☐ bei elektrisch aufgeladener Atmosphäre (M)
6. Wo richtet ein Hurrikan den größten Schaden an?	☐ im Landesinneren (E) ☐ in den Küstenregionen (C) ☐ auf dem Meer (K)
7. Wie groß ist der Erdumfang?	☐ 20.000 km (Ü) ☐ 30.000 km (S) ☐ 40.000 km (H)
8. Wie groß ist der Abstand zwischen Erde und Sonne?	☐ 15 Millionen km (S) ☐ 1,5 Millionen km (C) ☐ 150 Millionen km (A)
9. Wie heißt der größte Planet unseres Sonnensystems?	☐ Jupiter (F) ☐ Neptun (E) ☐ Uranus (H)
10. Welcher Planet hat einen „Ring"?	☐ Pluto (R) ☐ Merkur (E) ☐ Saturn (T)

Lösungswort: __ __ __ __ __ __ __ __ __ __

Logik (1)

1. Betrachte folgendes Beispiel: ACEG. Welche der folgenden Buchstabengruppen ist nicht nach dieser Regel zusammengesetzt?	☐ DFHJ (B) ☐ LNPR (M) ☐ QSTV (H)
2. Betrachte folgendes Beispiel: AADD. Welche der folgenden Buchstabengruppen ist nicht nach dieser Regel zusammengesetzt?	☐ LLOO (A) ☐ PPTT (E) ☐ UUXX (R)
3. Betrachte folgendes Beispiel: AFFZ. Welche der folgenden Buchstabengruppen ist nicht nach dieser Regel zusammengesetzt?	☐ DIIZ (O) ☐ MRRZ (N) ☐ TYYX (I)
4. Betrachte folgendes Beispiel: Z2YX. Welche der folgenden Zeichengruppen ist nicht nach dieser Regel zusammengesetzt?	☐ Z3YW (D) ☐ Z4WV (T) ☐ Z5VU (N)
5. Welche Zahl passt nicht in die Reihe? 7–21–35–56	☐ 21 (S) ☐ 35 (M) ☐ 56 (E)
6. Welche Zahl passt nicht in die Reihe? 2–4–9–16	☐ 4 (C) ☐ 9 (L) ☐ 16 (E)
7. Welche Zahl passt nicht in die Reihe? 3–8–27–81	☐ 8 (B) ☐ 27 (H) ☐ 81 (S)
8. Welche Zahl passt nicht in die Reihe? 99–94–84–68	☐ 94 (S) ☐ 84 (A) ☐ 68 (E)
9. Betrachte folgendes Beispiel: A 49 Z. Welche der folgenden Zeichengruppen ist nicht nach dieser Regel zusammengesetzt?	☐ B 56 Y (F) ☐ C 63 X (E) ☐ E 70 W (R)
10. Betrachte folgendes Beispiel: F 81 E. Welche der folgenden Zeichengruppen ist nicht nach dieser Regel zusammengesetzt?	☐ H 64 G (G) ☐ J 45 I (R) ☐ L 27 K (T)

Lösungswort: __ __ __ __ __ __ __ __ __ __

1. Lars und Rieke vergleichen, wie viele Eier jeder gefunden hat. „Gib mir noch ein Ei aus deinem Korb“, sagt Rieke zu Lars. „Dann habe ich genauso viele wie du.“ „Nein“, meint Lars, „gib mir lieber eins von deinen, dann habe ich doppelt so viele wie du.“ Wie viele Eier hat jedes Kind im Körbchen?	☐ Lars hat sieben Eier, Rieke hat fünf Eier gefunden. (L) ☐ Lars hat fünf Eier, Rieke hat drei Eier gefunden. (T) ☐ Lars hat neun Eier, Rieke hat sieben Eier gefunden. (O)
2. Wenn zehn Hühner in drei Wochen 30 Eier ausbrüten, wie lange brauchen dann 20 Hühner für die gleiche Menge?	☐ 1 ½ Wochen (R) ☐ 2 Wochen (A) ☐ 3 Wochen (I)
3. Moritz und seine Schwester Klara werden gefragt, wie viele Geschwister sie hätten. Moritz sagt: „Ich habe gerade so viele Brüder wie Schwestern.“ Von Klara dagegen kann man hören: „Ich habe nur halb so viele Schwestern wie Brüder.“ Wie viele Geschwister sind es insgesamt?	☐ 5 Geschwister (B) ☐ 8 Geschwister (K) ☐ 7 Geschwister (E)
4. Felix hat begonnen, Briefmarken zu sammeln, und ausländische und inländische unsortiert aufbewahrt. Auf die Frage, wie viele er schon hätte, antwortet er: „Bekäme ich zu den ausländischen Marken zehn dazu, dann hätte ich davon halb so viele wie inländische. Bekäme ich aber zehn inländische Marken, dann hätte ich dreimal so viele wie ausländische.“ Wie viele Marken besitzt Felix?	☐ 130 (A) ☐ 140 (E) ☐ 110 (B)
5. Ein Müller war in seiner Mühle. Sie hatte vier Ecken. In jeder Ecke standen vier Säcke, auf jedem Sack saßen vier Katzen; jede Katze hatte vier Junge. Wie viele Füße waren in der Mühle?	☐ 256 Füße (N) ☐ 1 024 Füße (R) ☐ 2 Füße (E)

Lösungswort: __ __ __ __ __ __

Logik (3)

Wähle unter den angegebenen Möglichkeiten jeweils das Wort aus, das die Gleichung sinnvoll ergänzt. Beispiel: Christentum / Bibel = Islam / ?	☐ Mekka ☐ Koran ☐ Moschee Die Antwort lautet: Koran
1. Fahrrad / Auto = Tretboot / ?	☐ Kanu (B) ☐ Segelschiff (R) ☐ Motorschiff (S)
2. Stiefel / Schuh = Mantel / ?	☐ Jacke (C) ☐ Hose (U) ☐ Sohle (I)
3. Gans / Meise = Kuh / ?	☐ Ziege (L) ☐ Igel (H) ☐ Pferd (T)
4. Flugzeug / Hangar = Auto / ?	☐ Garage (W) ☐ Autobahnraststätte (S) ☐ Straße (D)
5. Ferngespräch / Brief = Hörspiel / ?	☐ Postkarte (C) ☐ Film (S) ☐ Buch (I)
6. Watte / Leder = weich / ?	☐ hart (H) ☐ zäh (M) ☐ biegsam (C)
7. Satz / Rede = Telegramm / ?	☐ Brief (M) ☐ Zwiegespräch (H) ☐ Telefonbuch (B)
8. Gemälde / Passfoto = Schloss / ?	☐ Hotel (I) ☐ Kirche (A) ☐ Hütte (B)
9. Maschine / Treibstoff = Lebewesen / ?	☐ Benzin (H) ☐ Nahrung (A) ☐ Wasser (R)
10. Eisen / Rost = Holz / ?	☐ Lack (M) ☐ Sägespäne (N) ☐ Holzwurm (D)

Lösungswort: __ __ __ __ __ __ __ __ __ __

Logik (4)

1. Verschiebe ein einziges Streichholz, um die Gleichung stimmig zu machen!

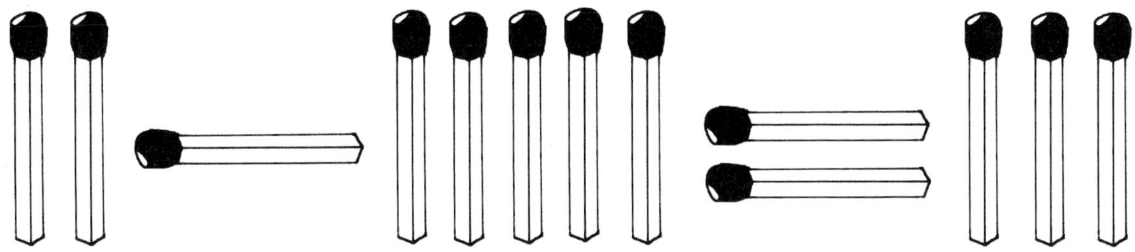

2. Nimm zwei Streichhölzer weg, sodass vier gleich große Quadrate entstehen!

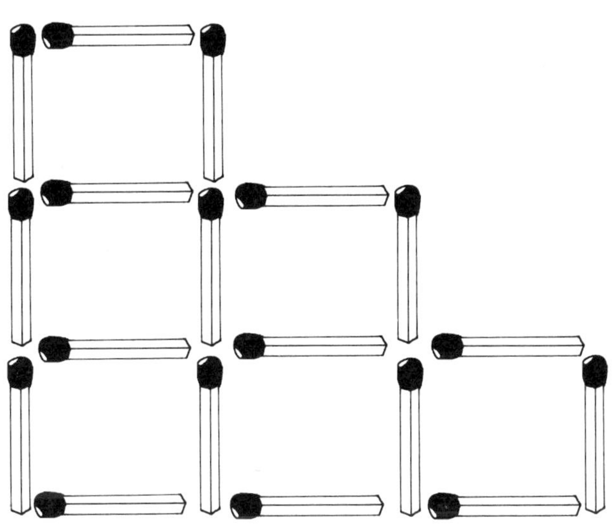

3. Versuche, aus den Achten so viele Reihen zu bilden, dass durch Addition die Endsumme 1000 herauskommt!

8888
8888
―――――
1000

Kulturwissen (1) S. 5

1. 1912 (F)
2. 343 m/s (R)
3. Versteigerung (A)
4. Schiller (N)
5. ein Komponist von Tanzmusik (K)
6. Leonardo da Vinci (R)
7. an den Spitzbögen (E)
8. mit der Geburt Jesu (I)
9. Gründung des evangelischen Bekenntnisses (C)
10. Anhänger einer islamischen Glaubensrichtung (H)

Lösungswort: FRANKREICH

Hintergrundinformationen zum Test

Titanic ist der Name des englischen Schnelldampfers, der auf seiner ersten Fahrt mit einem Eisberg zusammenstieß und mit über 2200 Menschen unterging, rund 1517 davon starben.

Schallgeschwindigkeit: Der Schall eines „normal" erzeugten Geräusches breitet sich in der Luft nach allen Seiten gleichmäßig mit einer Geschwindigkeit von 333,33 m pro Sekunde aus.

Auktion: Das Wort stammt aus dem Lateinischen und bedeutet Versteigerung.

Johann Strauss (Vater) (1804–1849) war ein österreichischer Komponist und Kapellmeister. Sein bekanntestes Werk ist der „Radetzkymarsch", sein wohl gelungenster Wiener Walzer sind die Loreley-Rheinklänge.

Leonardo da Vinci (1452–1519) war nicht nur ein bedeutender Künstler, der u. a. das berühmte Bild der Mona Lisa schuf, sondern auch ein bedeutender Naturwissenschaftler.

Reformation (lateinisch = Wiederherstellung): Der Versuch, die Kirche wieder auf ihre ursprüngliche Basis zurückzustellen. Die Reformation Martin Luthers begründete die evangelische Kirche.

Schiiten: Die Schiiten sind Anhänger einer besonderen muslimischen Glaubensrichtung. Sie betrachten nur Mohammeds Schwiegersohn Ali und seine Nachkommen als berechtigte Leiter der Glaubensgemeinschaft.

Kulturwissen (2) S. 6

1. Karl May (R)
2. ein Musikdrama (E)
3. Walt Disney (G)
4. Wilhelm Busch (E)
5. aus Amerika (N)
6. Altsteinzeit (S)
7. Geburt Christi (B)
8. Schneewittchen (U)
9. Bauweise aus Holzbalken und Lehm (R)
10. Venus und Mars (G)

Lösungswort: REGENSBURG

Hintergrundinformationen zum Test

Oper nennt man ein musikalisches Theaterstück, bei dem alle Texte gesungen werden.

Micky Maus ist eine von Walt Disney erfundene Trickfilmfigur. Im Jahre 1928 startete Disney eine Zeichentickfilm-Serie mit Micky Maus.

Max und Moritz sind von Wilhelm Busch erfundene Figuren, die eine Reihe von Jungenstreichen verüben, bis sie ein Müller in seiner Mühle zu Schrot mahlt. Das Kinderbuch Max und Moritz kann man im weitesten Sinn als ersten Comicstrip bezeichnen.

Kartoffelpflanze: Sie stammt aus den südamerikanischen Anden, wo es viele wilde Sorten der Kartoffel gibt. Nach Europa gebracht, wurde sie zuerst in fürstlichen Gärten angebaut, dann aber durch Friedrich den Großen in Deutschland heimisch gemacht.

Altsteinzeit: Sie unterscheidet sich deutlich von der Jungsteinzeit, in der die Menschen einfache Häuser bauten, Ackerbau betrieben und Vieh züchteten.

Schneewittchen heißt im Märchen die schöne Königstochter, die einem Giftanschlag ihrer neidischen Stiefmutter zum Opfer fällt (vergifteter Apfel), dann aber wieder zum Leben erwacht.

Fachwerk nennt man eine Bauweise für Häuser, bei der zunächst ein Rahmenwerk (meist) aus Holz hergestellt wird. Die einzelnen Fächer werden dann mit Lehm ausgefüllt.

Nachbarplaneten: Die Planeten unseres Sonnensystems sind (von der Sonne aus gesehen) Merkur, Venus, Erde, Mars, Jupiter, Saturn, Uranus, Neptun. Die Nachbarplaneten heißen daher Venus und Mars. Ein Merksatz lautet: „**M**ein **V**ater **e**rklärt **m**ir **j**eden **S**onntag **u**nseren **N**achthimmel."

Kulturwissen (3) S. 7

1. in Athen (A)
2. Jerusalem (U)
3. in Granada (G)
4. schwarz (E)
5. Stoßzähne von Elefanten (N)
6. Hans im Glück (H)
7. Mozart (O)
8. Gotik (E)
9. ein Gemälde mit Wasserfarben (H)
10. ein Streichinstrument (E)

Lösungswort: AUGENHOEHE

Hintergrundinformationen zum Test

Akropolis (griechisch = Oberstadt): der berühmte antike Tempelbezirk von Athen.

Alhambra (arabisch = die Rote): Sie ist die berühmte Burg, die in Granada in Spanien von den damals dort lebenden Arabern errichtet wurde.

Ebenholz nennt man ein sehr hartes und schweres schwarzes Holz aus Afrika und Indien.

Elfenbein heißt die Knochenmasse der Stoßzähne des männlichen Elefanten. Elfenbein lässt sich gut bearbeiten, schnitzen und polieren.

Hans im Glück ist ein Märchenheld der Brüder Grimm. Er wird nach siebenjährigem Dienst mit einem Goldklumpen entlohnt, den er eintauscht gegen ein Pferd, das Pferd gegen eine Kuh usw., bis ihm zum Schluss nur ein Schleifstein bleibt, den er in einen Brunnen fallen lässt.

Wolfgang Amadeus Mozart (1756–1791) war ein Komponist zur Zeit der Wiener Klassik. Sein umfangreiches Werk ist weltweit bekannt und beliebt und gehört zum bedeutendsten Repertoire der Klassik.

Aquarell nennt man die Malerei mit Wasserfarben. Um dabei Lichteffekte zu erzielen, lässt man den hellen Untergrund durchscheinen

Kulturwissen (4) S. 8

1. ein Musikinstrument (S)
2. in Spanien (P)
3. Mohammed (R)
4. Johann Sebastian Bach (U)
5. in Venedig (N)
6. mit Wasser gefüllter Vulkantrichter (G)
7. die Niederlande (T)
8. ins Tal rutschende Schneemassen (U)
9. Sie führt nur zur Hälfte über den Fluss. (R)
10. ein tropisches Edelholz (M)

Lösungswort: SPRUNGTURM

Hintergrundinformationen zum Test

Alphorn: ein bis zu 4 m langes hornartiges Instrument der Alpenvölker aus Holz oder aus Rinde.

Torero (von spanisch *toro* = Stier): bezahlter Stierkämpfer. Spanien gilt als die Heimat des Stierkampfs.

Mohammed (arabisch = der Gepriesene) ist der Religionsstifter des Islam. Er lebte von etwa 570 bis 632 in Arabien. Er bezeichnete sich als Prophet Gottes. Seine Offenbarungen sind im Koran zusammengefasst.

Bach, Johann Sebastian (1685–1750) war ein deutscher Komponist, Orgel- und Klaviervirtuose des Barock. Er ist einer der bekanntesten Komponisten weltweit, viele berühmte Musikstücke der Barockzeit hat er komponiert.

Rialtobrücke heißt die berühmteste und bekannteste Brücke Venedigs, die über den Canale Grande führt.

Maar: Als Maar bezeichnet man eine durch eine vulkanische Gasexplosion entstandene Bodenvertiefung, die sich meist mit Wasser gefüllt hat. Ein auf diese Weise entstandener See ist nahezu kreisrund.

Niederlande (niederländisch = Nederland): nordwestlich von Deutschland gelegenes fruchtbares, dicht besiedeltes Küstenland an der Nordsee, das nur in den südlichsten Landesteilen einige Höhenzüge aufweist.

Lawine: Lawinen sind abstürzende Schneemassen im Hochgebirge, die Menschen und menschlichen Siedlungen gefährlich werden können.

Avignon ist eine alte Stadt in Südfrankreich. Sie wird wegen ihrer vielen Sehenswürdigkeiten häufig von Touristen besucht. Die berühmte Brücke über die Rhône geht nur noch bis zur Flussmitte.

Mahagoni ist ein tropisches Edelholz mit rotbrauner Färbung und Goldglanz.

Kulturwissen (5) S. 9

1. Dornröschen (Z)
2. dickblättrige, stachelige Pflanzen (A)
3. ein Stern, der einen Schweif hinter sich herzieht (H)
4. aus Weißkohl (N)
5. ein Kronleuchter (B)
6. Bürgerliches Gesetzbuch (Ü)
7. Kürzung (R)
8. eine afrikanische Affenart (S)
9. der „Apostel der Deutschen" (T)
10. an der Südspitze Afrikas (E)

Lösungswort: ZAHNBÜRSTE

Hintergrundinformationen zum Test

Dornröschen ist eine Märchenfigur der Brüder Grimm. Sie wurde von einer bösen Fee verwünscht, sodass sie an ihrem 15. Geburtstag sterben sollte. Eine gute Fee milderte den Fluch ab, sie solle nur in einen hundertjährigen Schlaf fallen.

Komet (griechisch = der Haarstern): Kometen sind meteorartige Himmelskörper, die meist auf einer elliptischen Bahn die Sonne umkreisen. Sie bestehen aus einem Kern und einem Schweif, der fächerförmig oder strahlenförmig sein kann.

Sauerkraut ist in dünne Streifen geschnittener Weißkohl, der – mit Salz und Gewürzen versehen – eine Milchsäuregärung durchmacht. Sauerkraut ist ein wertvolles Lebensmittel.

Bürgerliches Gesetzbuch: Es regelt rechtliche Fragen des Zusammenlebens von Privatpersonen und stammt in seinen heute noch überwiegend gültigen Teilen aus dem Jahre 1897.

Reduktion (lateinisch = Zurückführung): Kürzung, auch Absonderung.

Pavian: Die Paviane sind Affen mit hundeartig verlängerten Schnauzen. Sie bewohnen Halbwüsten, Savannen, Steppen sowie Felsgebiete und leben gesellig in großen Herden.

Bonifatius (672/675 – 754/755) war einer der wichtigsten Missionare und Kirchenreformer im Frankenreich und wird seit der Reformation von der katholischen Kirche als „Apostel der Deutschen" bezeichnet.

Kapstadt (englisch: Cape Town) ist die Großstadt an der Südspitze Afrikas. Berühmt ist Kapstadt durch sein Wahrzeichen, den großen Tafelberg.

Kulturwissen (6) S. 10

1. die Frankfurter Nationalversammlung (T)
2. Kernspaltung (A)
3. Ende des Zweiten Weltkriegs in Europa (N)
4. Tongeschirr (N)
5. Treibstoff für Flugzeuge (E)
6. delikat zubereitete Fischeier (N)
7. ein schelmischer Volksbuchheld (B)
8. auf dem Brocken (Harz) (A)
9. die Römer (U)
10. Dresden (M)

Lösungswort: TANNENBAUM

Hintergrundinformationen zum Test

Paulskirche. Die Paulskirche in Frankfurt am Main war 1848/49 der Versammlungsort der Frankfurter Nationalversammlung, die Deutschland politisch zu einen versuchte und in einen demokratischen Rechtsstaat verwandeln wollte.

Kerosin ist ein im Erdöl vorhandener Anteil von Öl, das zu Flugbenzin aufbereitet wird.

Kaviar wird aus den Eiern (dem Rogen) von weiblichen Stören hergestellt. Störe sind große Fische, die in südrussischen und südostrussischen Gewässern leben.

Till Eulenspiegel ist eine Romanfigur eines Volksromans aus dem Jahre 1510/1511. Er narrt u. a. die Menschen, indem er das wörtlich in die Tat umsetzt, was sie ihm auftragen.

Brocken, volkstümlich auch Blocksberg genannt, ist die höchste Erhebung des Harzes (1 142 m hoch). Der Sage nach treffen sich dort in der Walpurgisnacht die Hexen zum Tanz.

Schlacht im Teutoburger Wald (auch Varusschlacht oder Hermannsschlacht): Diese Schlacht vertrieb die Römer aus Germanien (dem nördlichen Deutschland), das sie zu erobern versuchten. Arminius („Hermann"), ein Fürst und Heerführer der Cherusker, lockte das römische Heer unter seinem Feldherrn Varus im Jahre 9 n. Chr. in einen Hinterhalt und vernichtete es völlig.

Dresden ist die Hauptstadt des Bundeslandes Sachsen und liegt an der Elbe. Dresden ist reich an historischen Bauwerken. Berühmt ist die in Form einer Glocke gebaute evangelische **Frauenkirche**, die im 2. Weltkrieg völlig zerstört und nach der Wiedervereinigung beider deutscher Staaten durch Spenden wieder aufgebaut wurde.

Geschichte (1) S. 11

1. die Babylonier (H)
2. Rom (A)
3. der Begründer des Protestantismus (S)
4. 1618 – 1648 (E)
5. die Französische Revolution (N)
6. Otto von Bismarck (S)
7. den Ersten Weltkrieg (T)
8. 1923 (A)
9. 4 Jahre (L)
10. Demokratie (L)

Lösungswort: HASENSTALL

Hintergrundinformationen zum Test

Augustus war der erste römische Kaiser. Er lebte von 63 v. Chr. bis 14 n. Chr. und gebot über ein Reich, das den gesamten Mittelmeerraum umfasste.

Martin Luther (1483 – 1546) war der Gründer der evangelischen Konfession und Übersetzer der Bibel ins Deutsche. Damit legte er den Grund für das heutige Hochdeutsch. Er verfasste viele theologische Schriften und schrieb auch Kirchenlieder.

Dreißigjähriger Krieg: Er dauerte von 1618 bis 1648. Ausgelöst wurde er durch den Prager Fenstersturz. Er endete mit dem Westfälischen Frieden. Er war der wohl schlimmste Religionskrieg in Europa und hatte die Verwüstung Deutschlands und den Tod von rund zwei Dritteln der Bevölkerung zur Folge.

Otto von Bismarck (1815–1898) ließ nach dem Sieg der Deutschen über Frankreich 1871 den preußischen König zum deutschen Kaiser krönen und gründete somit das Zweite Deutsche Reich.

Erster Weltkrieg: Er begann 1914 mit der Ermordung des österreichischen Thronfolgers in Sarajewo und endete 1918 mit der Kapitulation Deutschlands.

Inflation (lateinisch = Aufblähung) heißt Vermehrung des Papiergeldes, das dabei immer mehr an Wert verliert.

Demokratie (griechisch = Volksherrschaft) bedeutet, dass durch Abstimmungen Mehrheitsentscheidungen erzielt werden, die dann von allen Beteiligten respektiert werden müssen.

Geschichte (2) S. 12

1. 1933 (T)
2. 12 Jahre (A)
3. 1939 – 1945 (N)
4. vier Besatzungszonen (K)
5. abgetrennt und Russland und Polen zugeschlagen (S)
6. Fortdauer der Feindseligkeiten ohne Waffeneinsatz (C)
7. die unpassierbare innerdeutsche Grenze (H)
8. Deutsche Demokratische Republik (I)
9. 1961 (F)
10. für das nordatlantische Verteidigungsbündnis (F)

Lösungswort: TANKSCHIFF

Hintergrundinformationen zum Test

Nationalsozialisten nannten sich die Anhänger der Partei Adolf Hitlers, die 1933 die Macht übernahm. Die nationalsozialistische Herrschaft führte Deutschland in den Zweiten Weltkrieg und die völlige Niederlage im Jahre 1945.

Besatzungszonen: Nach Beendigung des Krieges wurde Deutschland in vier Besatzungszonen (die amerikanische, englische, französische und russische) eingeteilt. Die russische Besatzungszone wurde später zur DDR, die drei westlichen Besatzungszonen bildeten die BRD.

Ostgebiete: Schlesien, Pommern und Ostpreußen wurden am Ende des Krieges von Deutschland abgetrennt. Die Bewohner dieser Landesteile wurden zwangsumgesiedelt. Schlesien und Pommern sowie das südliche Ostpreußen sind seitdem polnisch, das nördliche Ostpreußen gehört zu Russland.

Kalter Krieg: Nach dem Ende des Zweiten Weltkrieges zerfielen die Sieger in zwei Blöcke, den Ostblock und das westliche Bündnis. Mit diplomatischen Mitteln und mit gegenseitiger Bedrohung machte man sich das Leben schwer, man setzte den Krieg mit nichtmilitärischen Mitteln fort.

Eiserner Vorhang: So wurden die innerdeutsche Grenze und die Grenzbefestigungen der DDR zur Bundesrepublik Deutschland genannt, die wegen ihrer starken Sicherung praktisch unüberwindlich waren.

DDR ist die Abkürzung von „Deutsche Demokratische Republik". Die DDR entstand 1949 aus der russischen Besatzungszone. Sie bestand bis zum Jahre 1990.

Geschichte (3) S. 13

1. Helmut Kohl (A)
2. 1968 (N)
3. Rote Armee Fraktion (D)
4. Charles de Gaulle und Konrad Adenauer (A)
5. Willi Brandt (L)
6. die Abschottung des damals von DDR-Territorium umgebenen Westberlins, um es auszuhungern (U)
7. das Bündnis der damals kommunistischen Staaten des Ostblocks (S)
8. Der Sueskanal blieb ein Jahr lang für die internationale Schifffahrt geschlossen. (I)
9. 1991 (E)
10. Iren und Briten (N)

Lösungswort: Andalusien

Hintergrundinformationen zum Test

Helmut Kohl (geb. 1930) ist CDU-Politiker. Von 1982–1998 war er Bundeskanzler. Er gestaltete die deutsche Wiedervereinigung mit und arbeitete an der europäischen Einheit.

Die **Studentenbewegung** war eine vielschichtige politische Bewegung, die sich in Deutschland gegen die überkommenen Autoritäten richtete. 1968 wurde der Studentenführer Rudi Dutschke bei einem Attentat lebensgefährlich verletzt. Daraufhin fanden in zahlreichen deutschen Städten Protestdemonstrationen statt, die sich zu blutigen Straßenschlachten mit der Polizei entwickelten.

RAF: Die Rote Armee Fraktion war eine linksextremistische terroristische Vereinigung, die den bestehenden deutschen Staat bekämpfen wollte und zahlreiche politische Morde, Sprengstoffattentate und Banküberfälle ausführte.

Deutsch-Französischer Freundschaftsvertrag: Dieser Vertrag, auch Élysée-Vertrag genannt, beendete 1963 die sogenannte „Erbfeindschaft" zwischen Frankreich und Deutschland. Unterzeichnet wurde er von Konrad Adenauer und Charles de Gaulle.

Willy Brandt (1913–1992) gehörte der SPD an. Er war Regierender Bürgermeister Westberlins, Bundesaußenminister und von 1969–1974 Bundeskanzler. Für seine Bemühungen um die Aussöhnung mit den östlichen Nachbarstaaten erhielt er 1971 den Friedensnobelpreis.

Berlin-Blockade: Aus politischen Gründen blockierte die Sowjetunion Westberlin, dessen Bevölkerung nur noch durch die Luft („Berliner Luftbrücke") versorgt werden konnte. Die Blockade dauerte vom 24. Juni 1948 bis zum 12. Mai 1949.

Der **Warschauer Pakt** war ein Militärbündnis der Ostblockstaaten, der von 1955 bis 1991 unter sowjetischer Führung bestand. Der Warschauer Pakt war der Gegenspieler der NATO.

Sues-Krise: Im Laufe des Krieges zwischen Ägypten und Großbritannien, Frankreich und Israel wurde der Sueskanal 1956 gesperrt. Er konnte erst 1957 wieder passiert werden.

Sowjetunion: Die Sowjetunion war der Nachfolgestaat des russischen Zarenreiches. Sie bestand von 1922 bis 1991.

Nordirland-Konflikt: Im zu Großbritannien gehörenden Teil der irischen Insel stehen sich protestantische Briten und katholische Iren gegenüber. Die Iren wünschen den Anschluss Nordirlands an die Republik Irland, während die Briten bei Großbritannien verbleiben wollen.

Geografie (1) S. 14

1. Rhein (R)
2. Thüringen (E)
3. Rügen (G)
4. Elbe (E)
5. Mecklenburg-Vorpommern (N)
6. Zugspitze (B)
7. Spree (O)
8. Schleswig-Holstein (G)
9. Main (E)
10. an der Nordsee (N)

Lösungswort: REGENBOGEN

Geografie (2) S. 15

1. Isar (W)
2. Sommerweide oben im Gebirge (A)
3. der Donau (S)
4. Saarbrücken (S)
5. Wiesbaden (E)
6. Deutschland und Polen (R)
7. Erfurt (W)
8. Düsseldorf (E)
9. Luxemburg (R)
10. Dresden (K)

Lösungswort: WASSERWERK

Geografie (3) S. 16

1. Magdeburg (V)
2. Rhein (O)
3. München (G)
4. Schwerin (E)
5. die Halligen (L)
6. Stuttgart (B)
7. Hamburg (A)
8. die Vogesen (U)
9. Potsdam (E)
10. Salzburg (R)

Lösungswort: VOGELBAUER

Geografie (4) S. 17

1. Irland (G)
2. Italien (A)
3. Athen (S)
4. Paris (H)
5. Albanien (E)
6. Ural (I)
7. Moskau (Z)
8. in Istanbul (U)
9. Brüssel (N)
10. in Rom (G)

Lösungswort: GASHEIZUNG

Geografie (5) S. 18

1. Asien (Z)
2. Amerika (U)
3. Asien (C)
4. Atlantik (K)
5. Neu-Delhi (E)
6. Mount Everest (R)
7. Peking (B)
8. Afrika (R)
9. Nil (O)
10. Canberra (T)

Lösungswort: ZUCKERBROT

Geografie (6) S. 19

1. ein Gebirge (S)
2. in Norwegen (C)
3. in Italien (H)
4. Montblanc (O)
5. Golfstrom (K)
6. Deutsch (O)
7. Irland (L)
8. Frankreich und Spanien (A)
9. Frankreich (D)
10. Kopenhagen (E)

Lösungswort: SCHOKOLADE

Hintergrundinformationen zum Test

Kaukasus heißt das Hochgebirge zwischen dem Kaspischen und dem Schwarzen Meer. Der Kaukasus ist zugleich eine südliche Grenze zwischen Europa und Asien.

Fjorde sind weit ins Festland hineinreichende Meeresarme.

Poebene: Der Po ist mit 652 km der längste Fluss Italiens. Er durchfließt in Oberitalien eine weite Ebene, die Poebene, die wichtigste Landwirtschafts- und Industrieregion Italiens.

Golfstrom heißt die Warmwasserdrift im nördlichen Atlantik, die warmes Wasser bis an die Küsten Europas bringt und dafür sorgt, dass z. B. die Häfen der norwegischen Küste im Winter eisfrei bleiben.

Irland ist eine Insel im Atlantik westlich von Großbritannien. Da Irland durch den Golfstrom quasi beheizt wird, herrscht dort gemäßigtes Klima mit milden Wintern. Die Insel bleibt auch im Winter grün, was ihr den Namen „grüne Insel" eingetragen hat.

Die **Pyrenäen** sind das 435 km lange und 100 km breite Grenzgebirge zwischen Frankreich und Spanien.

Rhône: Zweitlängster (812 km) Strom Frankreichs. Die Rhône entspringt in der Schweiz und mündet in einem Delta ins Mittelmeer.

Kopenhagen ist die Hauptstadt Dänemarks. Sie liegt am Öresund an einer wichtigen Schifffahrtsstraße der Ostsee.

Geografie (7) S. 20

1. spitze Landzunge an der ostafrikanischen Küste (M)
2. Inselgruppe an der Südspitze Südamerikas (I)
3. nördlich (T)
4. in Neuseeland (T)
5. Tibet (E)
6. in Nordamerika (L)
7. in Indien (M)
8. zu den USA (E)
9. in Südamerika (E)
10. in Australien (R)

Lösungswort: MITTELMEER

Hintergrundinformationen zum Test

Horn von Afrika heißt die Landzunge an der ostafrikanischen Küste, die in den Indischen Ozean hineinragt. Das Horn von Afrika liegt auf dem Territorium Somalias und Äthiopiens.

Feuerland wird die Inselgruppe an der Südspitze Südamerikas genannt. Den Namen hat die Inselgruppe von den Lagerfeuern der Ureinwohner, die Magellan, der 1520 die Magellan-Straße zwischen Südamerika und Feuerland entdeckte, dort aufleuchten sah.

Maoris nennen sich die Ureinwohner Neuseelands. Sie sind den weißen Einwanderern rechtlich gleichgestellt und im neuseeländischen Parlament vertreten.

Tibet ist das größte Hochland der Erde. Es ist im Schnitt über 4500 m hoch und wird von hohen Gebirgen eingerahmt. Es wird deshalb als „Dach der Welt" bezeichnet.

Niagarafälle (indianisch = donnerndes Wasser): zwei Wasserfälle an der Grenze zwischen Kanada und den USA. Der den Eriesee und den Ontariosee verbindende Niagara River stürzt – geteilt durch die Goat Island – in zwei Fällen 58 m in die Tiefe.

Ganges heißt ein 2511 km langer Fluss in Indien, der von den Hindus als heiliger Fluss verehrt wird.

Alaska liegt nordwestlich von Kanada und gehört zu den USA. Das Territorium ist 1 717 854 km² groß.

Der **Amazonas** ist der längste und größte Fluss Südamerikas (6448 km) und der wasserreichste der Erde. Die Urwälder im Amazonasgebiet sind die wichtigsten Sauerstoffproduzenten unserer Erde.

Aborigines nennt man die Ureinwohner Australiens. Sie lebten, als Australien entdeckt wurde, als Jäger und Sammler.

Politik und Wirtschaft (1) S. 21

1. Grundgesetz (A)
2. parlamentarische Demokratie (K)
3. Bundespräsident (A)
4. die wahlberechtigten Bürger (D)
5. Bundestag (E)
6. 1949 (M)
7. Konrad Adenauer (I)
8. Wiedervereinigung beider deutscher Staaten (K)
9. Ministerpräsident (E)
10. Landtagsabgeordnete (R)

Lösungswort: AKADEMIKER

Hintergrundinformationen zum Test

Grundgesetz wird in der Bundesrepublik Deutschland die Verfassung genannt, die die Staatsform festlegt.

Der **Bundespräsident** ist das deutsche Staatsoberhaupt. Er vertritt die Bundesrepublik Deutschland nach außen. Durch das Grundgesetz ist seine Macht im politischen System des Landes beschränkt und umfasst vor allem repräsentative Tätigkeiten.

Die **Bundesrepublik Deutschland** ist der politische Zusammenschluss von 15 Bundesländern. Die Hauptstadt ist Berlin.

Bundestag heißt die Volksvertretung der Bundesrepublik Deutschland. Die Vertreter heißen Bundestagsabgeordnete und werden vom Volk gewählt.

Konrad Adenauer (1876–1967) war von 1949–1963 der erste Bundeskanzler der neu gegründeten Bundesrepublik. Sein politisches Bestreben war die Einbindung Deutschlands in das westliche Bündnis.

Ministerpräsident (lateinisch: Minister = Diener, Präsident = Vorsitzender): In den Ländern der Bundesrepublik Deutschland (außer in Hamburg, Bremen und Berlin) ist der Ministerpräsident der Vorsitzende der Landesregierung.

Landtagsabgeordnete sind die in den einzelnen Bundesländern gewählten Bürgervertreter, die den Ministerpräsidenten wählen und ihn sowie seine Minister überwachen.

Politik und Wirtschaft (2) S. 22

1. Stadtverordnete (H)
2. eines Landkreises (E)
3. 1990 (L)
4. der Bundestag (L)
5. die der Arbeitslosenversicherung (I)
6. Wirtschaftsabschwung (G)
7. Geldwert aller erzeugten Güter und Dienstleistungen eines Jahres (K)
8. Zahlungsunfähigkeit (E)
9. finanzielle Beihilfe, die nicht zurückgezahlt werden muss (I)
10. Bundesverfassungsgericht (T)

Lösungswort: HELLIGKEIT

Hintergrundinformationen zum Test

Stadtverordnete sind die von den Bürgern gewählten Vertreter einer Stadt, die den Bürgermeister und den Magistrat kontrollieren und korrigieren. Sie treffen sich zu Beratungen im Stadtparlament.

Landrat heißt der Leiter der Landkreisverwaltung.

Bundestag heißt die Volksvertretung der Bundesrepublik Deutschland. Die Vertreter heißen Bundestagsabgeordnete und werden vom Volk gewählt.

Wirtschaftsabschwung ist die deutsche Bezeichnung für Rezession. Er geht oft einher mit einem Ansteigen der Arbeitslosigkeit.

Bruttosozialprodukt: Fasst man den Geldwert aller in Deutschland erzeugten Güter und den Gegenwert aller Dienstleistungen eines Jahres zusammen, erhält man das Bruttosozialprodukt. Je nach Wirtschaftslage ist es größer oder geringer.

Subvention nennt man eine staatliche finanzielle Beihilfe an Privatunternehmen, die meistens nicht zurückgezahlt werden muss.

Das **Bundesverfassungsgericht** hat seinen Sitz in Karlsruhe. Es ist das höchste Gericht der Verfassungsgerichtsbarkeit und kann Gesetze auf ihre Übereinstimmung mit dem Grundgesetz hin überprüfen.

Politik und Wirtschaft (3) S. 23

1. dass Deutschland ein Zusammenschluss von einzelnen Bundesländern zu einem Gesamtstaat ist. (K)
2. Einigkeit und Recht und Freiheit (I)
3. Fraktion (N)
4. Kommanditgesellschaft (D)
5. Niedersachsen (E)
6. den wirtschaftlichen Aufschwung der 50er- und 60er-Jahre (R)
7. Petitionsausschuss (B)
8. Deutsche Industrie-Norm (E)
9. Gesellschaft mit beschränkter Haftung (T)
10. Parlamente, Gerichte und Regierung sind voneinander unabhängig. (T)

Lösungswort: KINDERBETT

Hintergrundinformationen zum Test

Nationalhymne: Die dritte Strophe des Deutschlandliedes von August Heinrich Hoffmann von Fallersleben ist die deutsche Nationalhymne. Die Melodie stammt von Joseph Haydn. Sie beginnt mit den Worten: Einigkeit und Recht und Freiheit …

Fraktion (lateinisch = Bruchteil) nennt man die Angehörigen derselben Partei in einem Parlament.

Kommanditgesellschaft ist eine Personalgesellschaft, die ein Handelsgewerbe unter einer gemeinschaftlichen Firma betreibt. Mindestens einer der Gesellschafter haftet dabei mit seinem gesamten persönlichen Vermögen, während ein anderer nur bis zu einer gewissen Höhe finanziell haftbar ist.

Wirtschaftswunder nennt man den Wirtschaftsaufschwung in den 50er- und frühen 60er-Jahren des vergangenen Jahrhunderts. Das Wirtschaftswunder zeigte sich in einem Anwachsen des allgemeinen Wohlstandes.

Der **Petitionsausschuss** ist ein Ausschuss vom Bundestag oder von Landtagen, der sich mit Eingaben von Bürgern befasst, die sich von einer Bundes- oder Landesbehörde ungerecht behandelt fühlen. Auch Bürger, die Anregungen für Änderungen bestehender Gesetze haben, können sich mit Petitionen an den Petitionsausschuss des zuständigen Gesetzgebers wenden. Der Petitionsausschuss bildet daher eine wichtige Schnittstelle zwischen Parlament und Bevölkerung.

Gewaltenteilung ist die Verteilung der Staatsgewalt auf mehrere Staatsorgane zum Zweck der Machtbegrenzung und der Sicherung von Freiheit und Gleichheit. Die drei Gewalten (legislative = gesetzgebende, judikative = Recht sprechende und exekutive = regierende Gewalt) dürfen in einem Rechtsstaat nicht in einer Hand liegen oder voneinander abhängig sein.

Biologie (1) S. 24

1. Delfin (P)
2. Salamander (R)
3. Kuckuck (A)
4. Hering (K)
5. Vögel, die im Süden überwintern (T)
6. gefährliche Wildkrankheit, die auch Menschen befallen kann (I)
7. Fohlen (K)
8. männliches Rind (A)
9. vollständige Wandlung der äußeren Gestalt (N)
10. Kaulquappe (T)

Lösungswort: PRAKTIKANT

Hintergrundinformationen zum Test

Delfine gehören zu den Zahnwalen und sind somit Säugetiere, die im Wasser leben. Sie sind meist zwischen eineinhalb und vier Meter lang.

Salamander sind Schwanzlurche, lang gestreckte, geschwänzte Amphibien mit nackter Haut.

Kuckuck: Er ist etwa taubengroß, sein Gefieder ist größtenteils grau. Die in Deutschland verbreitete Art ist sehr scheu. Sie legt ihre Eier in die Nester anderer Singvögel, lässt sie von ihnen ausbrüten und die Nestlinge aufziehen.

Hering. Die Heringe sind eine etwa 200 Arten umfassende Fischfamilie. Sie leben in großen Schwärmen, ernähren sich von Plankton und leben in der Nordsee und der südlichen Ostsee.
Sie sind begehrte Speisefische.

Wildtollwut ist eine bei Tieren vorkommende, auf den Menschen übertragbare Infektionskrankheit, die von Viren ausgelöst wird. Sie führen zur Erkrankung des Zentralnervensystems und können Tobsuchtsanfälle hervorrufen. Die Übertragung erfolgt über den Speichel erkrankter Tiere (z. B. Hundebiss). Der Besuch des Arztes ist unbedingt erforderlich.

Fohlen oder Füllen nennt man ein junges Pferd bis zum 3. Lebensjahr.

Bulle ist die Bezeichnung eines ausgewachsenen männlichen Rindes.

Metamorphose (griechisch = Gestaltwandel) tritt z. B. bei den Insekten oder bei den Lurchen auf, die im Larvenstadium eine völlig andere Gestalt aufweisen als im Erwachsenenstadium.

Die **Kaulquappe** ist die Larve eines Froschlurchs. Kaulquappen leben im Wasser und atmen durch Kiemen, später entwickeln sie eine Lunge, die es ihnen ermöglicht, das Wasser zu verlassen und als Frosch oder Kröte usw. an Land zu leben.

Biologie (2) S. 25

1. Reptilien (B)
2. gleichmäßige Körpertemperatur (I)
3. Grasarten (B)
4. Korbblütler (L)
5. Blattgrün (I)
6. Herstellung von Stärke mithilfe des Lichtes (O)
7. Nagetiere (T)
8. Er kann nicht fliegen. (H)
9. Esche (E)
10. ein verlassener junger Seehund (K)

Lösungswort: BIBLIOTHEK

Hintergrundinformationen zum Test

Säugetiere sind die höchstentwickelte Klasse der Wirbeltiere. Sie haben ein Fell aus Haaren und können, wie die Vögel, ihre Körpertemperatur gleich halten. Fast alle Säugetiere bringen lebendige Junge zur Welt und säugen sie mit Milch aus besonderen Milchdrüsen.

Grasarten: Die Gräser sind eine über die ganze Erde verbreitete Pflanzenfamilie. Viele von ihnen liefern ein hervorragendes Viehfutter. Alle Getreidearten gehören zu den Gräsern.

Chlorophyll (aus griechisch ‚chloros' = hellgrün und ‚phyllon' = Blatt) nennt man den grünen Farbstoff der Pflanzen. Die deutsche Bezeichnung heißt Blattgrün.

Fotosynthese bezeichnet die Bildung organischer Substanzen (meist Traubenzucker und Sauerstoff) aus Kohlendioxid und Wasser mithilfe von Licht bei grünen Pflanzen.

Nagetiere sind Pflanzen fressende Säugetiere, deren mittlere Schneidezähne zu Nagezähnen umgebildet sind, die immer wieder nachwachsen.

Der **afrikanische Strauß** gehört zu den Laufvögeln und ist der größte lebende Vogel mit einer Scheitelhöhe bis zu 2,50 m. Er kann nicht fliegen, aber außerordentlich gut laufen.

Nadelbaum: Die Nadelbäume sind immergrüne Bäume mit zu Nadeln umgewandelten Blättern, die meist mehrjährig sind. Sie treten nur in den kalten und gemäßigten Gebieten der nördlichen Halbkugel auf.

Heuler nennt man einen von seiner Mutter verlassenen kleinen Seehund, der durchdringend heult, um die Mutter zurückzurufen.

Biologie (3) S. 26

1. Affen (E)
2. etwa 200 (L)
3. zu den Säugetieren (E)
4. oberhalb des Brustkorbs am Hals (K)
5. Die Pigmente schützen vor starker Sonnenstrahlung. (T)
6. ein Unterarmknochen (R)
7. Menschen, die sich ausschließlich von Pflanzenprodukten ernähren (I)
8. eine sehr gefährliche Krankheit (K)
9. Hormon der Bauchspeicheldrüse (E)
10. weil das Blut gerinnen könnte (R)

Lösungswort: ELEKTRIKER

Hintergrundinformationen zum Test

Affen stehen den Menschen im Tierreich am nächsten. Der Mensch zählt neben den Gorillas, Schimpansen und Orang Utans sogar zu den Menschenaffen.

Das **Skelett** (griechisch = ausgetrockneter Körper) ist ein Körperbestandteil, der die Stützstruktur des Organismus bildet. Das menschliche Skelett besteht aus etwas über 200 einzelnen Knochen.

Säugetiere sind die höchstentwickelte Klasse der Wirbeltiere. Sie haben ein Fell aus Haaren und können, wie die Vögel, ihre Körpertemperatur gleich halten. Fast alle Säugetiere bringen lebendige Junge zur Welt und säugen sie mit Milch aus besonderen Milchdrüsen.

Das **Schlüsselbein** ist ein schwach gekrümmter Knochen, der das Brustbein mit dem Schulterblatt verbindet. Es liegt über der obersten Rippe.

Afrikaner: Die Bewohner Schwarzafrikas sind stärkster Sonnenbestrahlung ausgesetzt. Dagegen schützt sie die dunkle Pigmentierung der Haut, die schädliche UV-Strahlen fernhält.

Elle: Sie ist neben der Speiche ein Unterarmknochen des Menschen. Eine Elle (von der Spitze des Mittelfingers bis zum Ellbogen) war ein altes Längenmaß.

Vegetarier nennt man Menschen, die bei ihrer Ernährung auf Fleisch und Fisch verzichten und nur von Pflanzen und Pflanzenprodukten leben. Strenge Vegetarier – sogenannte Veganer – verzichten auch auf Tierprodukte wie Eier, Käse oder Milch usw.

Tuberkulose ist eine gefährliche infektiöse Krankheit, die von dem Tuberkelbazillus ausgelöst wird. Der Bazillus kann jedes Gewebe befallen, am häufigsten jedoch die Lunge. Die früher oft tödliche Tuberkulose, auch Schwindsucht genannt, wird mit Antibiotika behandelt.

Insulin ist das Hormon der Bauchspeicheldrüse, das dem Körper die Verbrennung des Zuckers ermöglicht. Diabetiker müssen Insulin einnehmen oder einspritzen.

Fieber ist die krankheitsbedingte Erhöhung der Körpertemperatur, die beim Menschen normalerweise nicht mehr als 37 Grad beträgt.

Biologie (4) S. 27

1. Wolf (S)
2. große Verwandte der Fledermäuse (C)
3. Mischling aus Pferd und Esel (H)
4. Zitronenflügler (U)
5. eine Kamelart mit einem Höcker (L)
6. ein Vogel (S)
7. der Uhu (P)
8. im Hochgebirge (O)
9. ein marderähnliches Raubtier am Wasser (R)
10. in der Nordsee (T)

Lösungswort: SCHULSPORT

Hintergrundinformationen zum Test

Wolf: Die Wölfe sind auf der gesamten Nordhalbkugel der Erde verbreitete hundeartige Raubtiere, die sich verschiedensten Umweltbedingungen anpassen können. Sie gelten als Vorfahren der Haushunde.

Fliegende Hunde, auch Flughunde genannt, gehören zusammen mit den Fledermäusen zu den Fledertieren. Ihr deutscher Name kommt von ihrem hundeähnlichen Kopf. Sie leben in Wäldern Afrikas, Asiens und Australiens und ernähren sich rein pflanzlich.

Das **Maultier** ist ein Kreuzungsprodukt von einem Eselhengst und einer Pferdestute. Maultiere wie auch Maulesel sind ausdauernd und im Gebirge trittsicher. Vom Maulesel redet man bei der Kreuzung von einem Pferdehengst und einer Eselstute.

Dromedar nennt man ein einhöckriges Kamel. Es ist ein wichtiges Last- und Reittier in Nordafrika und Asien.

Wiedehopf heißt ein auffällig bunter Vogel mit aufrichtbarem Federschopf, der den Winter in Afrika verbringt.

Uhus sind die größte Eulenart. Sie haben einen massigen Körper und einen dicken Kopf mit Federohren und leben in Europa, Asien und Nordafrika.

Steinadler gibt es in Deutschland heute nur noch in den Alpen. Sie gehören zu den Greifvögeln.

Fischotter gehören zu den Mardern, die sich vollständig an das Leben am und im Wasser angepasst haben und Fische jagen.

Der **Rotbarsch**, auch Goldbarsch genannt, ist ein bekannter Speisefisch, der 50 – 60 cm lang wird und im Nordatlantik bei Island und Grönland gefangen wird.

Biologie (5) S. 28

1. mithilfe einer Spritze verabreichte Medikamentengabe (K)
2. die Sehnerven an der Rückwand des Innenauges (A)
3. 32 (N)
4. ein für die menschliche Verdauung nicht benötigtes Stück Darm (U)
5. Bekämpfung von Eindringlingen aller Art (F)
6. 4 (A)
7. zum Transport der zerkleinerten Nahrung (H)
8. C (R)
9. Austausch von Sauerstoff und Kohlendioxid (E)
10. Sie bereitet die Fettverdauung vor. (R)

Lösungswort: KANUFAHRER

Hintergrundinformationen zum Test

Injektion bedeutet Einspritzung von gelösten Medikamenten, die z. B. beim Einnehmen im Magen zerstört würden.

Netzhaut nennt man die aus Nervenzellen und Nervenfasern bestehende lichtempfindliche innere Schicht des Augapfels. Sie wandelt das auftreffende Licht in Nervenimpulse um.

Gebiss: Das Milchgebiss des Menschen hat normalerweise 20 Zähne, das bleibende Gebiss besteht aus 32 Zähnen.

Blinddarm wird der blind endende (nicht benötigte) Teil des Dickdarms genannt, der unterhalb der Einmündungsstelle des Dünndarms liegt.

Blutgruppen: Die Hauptblutgruppen sind: 0, A, B, und AB. Zu jeder Hauptblutgruppe gibt es noch weitere Unterscheidungen. Die Blutgruppe eines Menschen bleibt das ganze Leben über konstant.

Blutkörperchen: Die roten Blutkörperchen transportieren Sauerstoff oder Kohlendioxid, die weißen Blutkörperchen bekämpfen eindringende Bakterien usw.

Lunge heißt das Atmungsorgan aller atmenden Wirbeltiere. Sie gibt den Kohlendioxid aus dem Körper ab und nimmt den Sauerstoff aus der Luft auf.

Galle: Das Gallensekret wird in der Leber gebildet und in der Gallenblase gesammelt. Es wird im Darm überwiegend bei der Verdauung von Fett benötigt.

Physik/Chemie (1) S. 29

1. eine Kraftmaschine (V)
2. aus Fett und Natron (E)
3. den Luftdruck (R)
4. Spannung (K)
5. Mischmetall (A)
6. Oxidation (E)
7. ein Metall (U)
8. Plus und Minus (F)
9. den Druck von Gasen (E)
10. 1 000 g (R)

Lösungswort: VERKAEUFER

Hintergrundinformationen zum Test

Turbine: In einer Turbine wird Strömungsenergie in eine Drehbewegung umgesetzt. Diese wiederum dient oft zur Stromerzeugung, z. B. wandelt eine Wasserturbine die Strömungsenergie eines Baches oder Flusses in Drehenergie an ihrer Achse um, sodass man einen Generator betreiben kann.

Volt heißt die Maßeinheit für die elektrische Spannung. Sie wurde nach dem italienischen Elektrizitätsforscher Alessandro Volta benannt.

Legierung: Vereinigung eines Metalls mit einem anderen oder mehreren Metallen oder auch mit Nichtmetallen.

Oxidation nennt man im weitesten Sinne jede Verbindung eines Stoffes mit Sauerstoff. Das kann eine Verbrennung sein, aber auch die Entstehung von Rost.

Uran ist ein radioaktives, silberweißes, nicht sehr hartes Metall, das zur Gewinnung von Atomenergie wichtig ist.

Physik/Chemie (2) S. 30

1. ein Metall (W)
2. etwa 8 Minuten (I)
3. das kleinste Teilchen eines chemischen Elements (R)
4. bei – 273 Grad Celsius (T)
5. etwa 2900 Grad Celsius (S)
6. aus Kohlenstoff (S)
7. Man kann Licht in Farben zerlegen. (T)
8. Fe (U)
9. für Kohlendioxid (B)
10. Katalysatoren (E)

Lösungswort: WIRTSSTUBE

Hintergrundinformationen zum Test

Quecksilber ist ein silberweißes, bei normaler Temperatur flüssiges Metall, das bei –39 Grad Celsius erst erstarrt. Es kann verdampfen, der Dampf ist sehr giftig.

Atom (griechisch = unteilbar): der kleinste, chemisch nicht weiter teilbare Baustein eines chemischen Grundstoffes.

Nullpunkt: Der absolute Nullpunkt liegt bei –273 Grad Celsius. Temperaturen, die noch darunter liegen, gibt es nicht.

Die **Glühlampe** ist so beschaffen, dass ihr Glühfaden aus schwer schmelzbaren Stoffen nicht verglühen kann. Die Temperatur im Glühfaden erreicht dabei bis zu 2900 Grad Celsius.

Kohlenstoff ist ein chemisches Element mit dem Zeichen C. Kohlenstoff kann im Gegensatz zu den anderen Elementen unendlich viele chemische Verbindungen eingehen. Die Kohlenstoffverbindungen sind Grundlage der organischen Chemie.

Glasprisma: Ein Lichtbündel wird durch die Brechung im Prisma in die einzelnen Farben des Spektrums zerlegt, das dadurch sichtbar wird.

Katalysator (griechisch = Auflösung): Ein Katalysator setzt einen chemischen Prozess in Gang oder beschleunigt ihn, ohne sich selbst dabei chemisch zu verändern.

Physik/Chemie (3) S. 31

1. ein kleiner Planet (L)
2. glühende Masse aus dem Erdinneren (I)
3. mit Lichtjahren (E)
4. wenn der Schatten des Mondes auf die Erde fällt (B)
5. bei Brechung des Lichtes durch Regentropfen vor einer Wolkenwand (S)
6. in den Küstenregionen (C)
7. 40.000 km (H)
8. 150 Millionen km (A)
9. Jupiter (F)
10. Saturn (T)

Lösungswort: LIEBSCHAFT

Hintergrundinformationen zum Test

Asteroid (griechisch „aster" = Stern und „-eides" = ähnlich): winzig kleiner Planet, der nur im Fernrohr sichtbar ist. Zwischen Mars und Jupiter befinden sich etwa 100.000 Asteroiden auf einer Umlaufbahn um die Sonne.

Lava ist geschmolzenes Gestein (Magma), das beim Ausbruch eines Vulkans austritt und bei Abkühlung erstarrt.

Lichtjahr ist das Längenmaß der Astronomie. Es bezeichnet die Strecke, die das Licht in einem Jahr zurücklegt.

Hurrikan nennt man einen tropischen Wirbelsturm, der eine Geschwindigkeit von 120–130 km/h erreicht. Er entsteht über dem warmen Ozean und verliert über dem Land schnell seine Kraft.

Jupiter heißt der größte Planet unseres Sonnensystems. Er gehört zu den kalten Gasriesen, hat viele Monde und benötigt 11,86 Jahre, um einmal die Sonne zu umrunden.

Saturn ist der zweitgrößte Planet unseres Sonnensystems. Auch er ist ein Gasplanet und hat viele Monde. Für eine Umrundung der Sonne benötigt er 29,5 Jahre. Auffällig ist sein Ring.

Logik (1) S. 32

1. QSTV (H)
2. PPTT (E)
3. TYYX (I)
4. Z3YW (D)
5. 56 (E) Die Reihe muss lauten: 7–(14)–21–(28)–35–(42)–49 etc.
6. 9 (L) Die Reihe muss lauten: 2–4–8–16 etc., also immer mit 2 multiplizieren
7. 8 (B) Die Reihe muss lauten: 3–9–27–81 etc., also immer mit 3 multiplizieren
8. 68 (E) Die Reihe muss lauten: 99–94–84–69 etc., also immer minus 5, minus 10, minus 15 etc.
9. E 70 W (R) Die Zahl ist aus dem 7er Einmaleins; die Position im Alphabet von vorn (erster Buchstabe) bzw. von hinten (letzter Buchstabe) muss gleich sein.
10. H 64 G (G) Die Quersumme aus beiden Zahlen muss immer 9 ergeben; der hintere Buchstabe steht im Alphabet vor dem vorderen.

Lösungswort: HEIDELBERG

Logik (2) S. 33

1. Lars hat sieben Eier, Rieke hat fünf Eier gefunden. (L)
2. 3 Wochen (I)
3. 7 Geschwister (E)
4. 110 (B)
5. 2 Füße (die des Müllers, denn Katzen haben Pfoten) (E)

Lösungswort: LIEBE

Logik (3) S. 34

1. Motorschiff (S)
2. Jacke (C)
3. Igel (H)
4. Garage (W)
5. Buch (I)
6. zäh (M)
7. Brief (M)
8. Hütte (B)
9. Nahrung (A)
10. Holzwurm (D)

Lösungswort: SCHWIMMBAD

Logik (4) S. 35

1. Ein Streichholz vom Gleichheitszeichen wird ober- oder unterhalb von dem Minuszeichen positioniert, sodass dort ein Gleichheitszeichen entsteht. Die Gleichung lautet dann: 2 = 5 – 3.
2. Man entfernt ganz links außen das mittlere Streichholz und ganz unten auch das mittlere Streichholz. Übrig bleiben vier identische Quadrate.
3. Die Lösung lautet 888 + 88 + 8 + 8 + 8 = 1000.